Mechtilde Boland

Die Wind-Atem-Lehre in den älteren Upaniṣaden

Forschungen zur Anthropologie und Religionsgeschichte
(FARG)

Band 31

begründet von
Alfred RUPP†

herausgegeben von
Manfried L.G. Dietrich – Oswald Loretz

1997
Ugarit-Verlag
Münster

Die Wind-Atem-Lehre in den älteren Upaniṣaden

Mechtilde Boland

1997
Ugarit-Verlag
Münster

Die Deutsche Bibliothek - CIP-Einheitsaufnahme

Boland, Mechtilde:
Die Wind-Atem-Lehre in den älteren Upaniṣaden / Mechtilde Boland. - Münster : Ugarit-Verl., 1997
(Forschungen zur Anthropologie und Religionsgeschichte ; Bd. 31)
Zugl.: Münster (Westfalen), Univ., 1995
ISBN 3-927120-52-9

Satzherstellung: Mechtilde Boland
Herstellung: *Sofortkopie*, Katthagen 29/30, 48143 Münster
Vertrieb: BDK Bücherdienst GmbH, Kölner Straße 248, D - 51 149 Köln
Printed in Germany
ISBN 3-927120-52-9
ISSN 0341-8367

Meiner Großmutter Mechtilde Brauers sei diese Arbeit gewidmet.

Inhaltsverzeichnis

Vorwort

Während der Entstehungsphase dieser Arbeit haben mir viele Freunde mit Rat und Tat geholfen. Ihnen allen sei hier gedankt. Allen voran zu nennen ist mein verstorbener Lehrer Prof. Schneider, der auch das Thema dieser Untersuchung angeregt hat. Danken möchte ich Frau Prof. Mette für die geduldige weitere Betreuung und Förderung der Arbeit. Ebenso sei Herrn Prof. Häbler für seine hilfreiche Kritik gedankt. Von ganzem Herzen danken möchte ich Frau Dr. Ulrike Wessel und Frau Annemarie Dietrich, die mich auf schwierigen Wegstrecken begleitet haben.

Münster, Mai 1995

Abkürzungen und Siglen

AiB	Aitareya Brāhmaṇa
AiU	Aitareya-Upaniṣad
Art.	Artikel
Aufl.	Auflage
AV	Atharvaveda
BĀU	Bṛhadāraṇyaka-Upaniṣad
Bd.	Band
BDCRI	Bulletin Deccan College Research Institute
BSB	Bayerische Staatsbibliothek
bzw.	beziehungsweise
ChU	Chāndogya-Upaniṣad
d.	der, des
d. h.	das heißt
ebd.	ebenda
ed.	editid
f.	für
f.; ff.	folgende
H.	Heft
JAOS	Journal of the American Oriental Society
Jb	Jaiminīyabrāhmaṇa
IIJ	Indo Iranian Journal
JUB	Jaiminīya-Upaniṣad-Brāhmaṇa
Kap.	Kapitel
KāR	Kāṇva Rezension
KU	Kaṭha Upaniṣad
KauU	Kauṣītaki Upaniṣad
KauS	Kauśikasūtra
KZ	Zeitschrift für vergleichende Sprachforschung auf dem Gebiete der indogermanischen Sprachen, hg. v. A. KUHN u. a.
MāR	Mādhyaṃdina Rezension
Mbh	Mahābhārata
m.	masculinum
m. E.	meines Erachtens

n.	neutrum
Ndr.	Nachdruck
Neudr.	Neudruck
Nr./n°	Nummer
o. g.	oben genannt
p.	pageina
phil.-hist. Kl.	philologisch-historische Kl.
Pl.	Plural
PrU	Praśna-Upaniṣad
PW	„Großes Petersburger Wörterbuch“
pw	„Kleines Petersburger Wörterbuch“
repr.	reprinted
ṚV	Ṛgveda
ŚĀ	Śāṅkhāyanāraṇyaka
ŚB	Śatapathabrāhmaṇa
s. a.	siehe auch
s. S.	siehe Seite
s. v.	sub voce
TB	Taittirīyabrāhmaṇa
u.	und
u. a.	unter anderem
VāP	Vāyu Purāṇa
v. l./vv. ll.	varia lectio/variae lectione
vgl.	vergleiche
vol.	volume
z. B.	zum Beispiel
ZDMG	Zeitschrift der Deutschen Morgenländischen Gesellschaft
Zs.	Zeitschrift
≠	steht zwischen zwei Parallelfassungen, die nicht ganz identische Abschnitte enthalten

1. Einleitung

Seit dem letzten Jahrhundert — nach der Veröffentlichung des Oupnek'hat (1801–1802) durch Anquetil Duperron — sind die (älteren)[1] Upaniṣaden in Europa bekannt. In diesem Zusammenhang wird häufig Schopenhauers positive, ja überschwengliche Würdigung der Upaniṣaden zitiert, wie sie z. B. in „Parerga und Paralipomena“ (1851, II,2, § 184) in folgenden Worten zum Ausdruck kommt: „... wie atmet doch der Oupnek'hat durchweg den heiligen Geist der Veden. Wie wird doch der, dem durch fleißiges Lesen das Persisch-Latein dieses unvergleichlichen Buches geläufig geworden, von jenem Geist im Innersten ergriffen! Wie ist doch jede Zeile so voll fester, bestimmter und durchgängig zusammenstimmender Bedeutung! Und aus jeder Seite treten uns tiefe, ursprüngliche, erhabene Gedanken entgegen, während ein hoher und heiliger Ernst über dem Ganzen schwebt.....“ (SCHOPENHAUER, 1851).

Eine derartige Wertschätzung erfuhren die Upaniṣaden nicht von allen westlichen Rezipienten. Die Rezeptionsgeschichte in ihrer ganzen Spannbreite und die Methoden der Upaniṣadbetrachtung stellt Hanefeld in der Einleitung zu seiner Arbeit „Die Philosophischen Haupttexte der älteren Upaniṣaden“ (1976) dar.

Stand bisher häufig, wie auch bei HANEFELD, die bekannte Ātman-Brahman-Philosophie im Zentrum der Forschung, so soll Thema dieser Arbeit der naturphilosophische Ansatz der Wind-Atem-Lehre sein[2], der erst durch FRAUWALLNER als solcher erkannt wurde.

In der vorliegenden Arbeit soll die naturphilosophische Wind-Atem-Lehre untersucht und sollen möglicherweise vorhandene Entwicklungsstufen dargestellt werden.

Der Aufgabe, die enorme Materialfülle, die sich in den Veden, Brāhmaṇas und Upaniṣaden bietet, unter übergeordneten Gesichtspunkten darzustellen, haben sich bereits einige Forscher gewidmet. So finden sich allgemeine Gedanken zur Funktion des *prāṇa* in Relation zum

---

[1] Unter älteren Upaniṣaden sollen mit FRAUWALLNER (1953, S. 44) die Aitareya-Upaniṣad, Kauṣītaki-Upaniṣad, Taittirīya-Upaniṣad, Bṛhadāraṇyaka-Upaniṣad, Īśā-Upaniṣad, Chāndogya-Upaniṣad und Kena-Upaniṣad verstanden werden.

[2] HANEFELD beschäftigte sich vornehmlich mit der *ātman*-Philosophie, die in den Bereich der Metaphysik hineinreicht.

Wind bei DEUSSEN (1915, S. 294-305), OLDENBERG (1919, S. 65-69; 1923, S. 45ff.) und STRAUSS (1925, S. 37ff.).

FRAUWALLNER (1953, S. 42 ff., s. auch 1992, S. 31).) unterschied insgesamt drei naturphilosophische Systeme in den Upaniṣaden, denen allen gemeinsam „... die Fragen nach Leben und Tod, nach dem Träger des Lebens und nach dem Schicksal nach dem Tode" (ebd., S. 49) zugrunde lagen. Es sind dies die Wasserkreislauf-, die Wind-Atem- und die Feuerlehre.

1. Die Wasserkreislauflehre geht von der belebenden Kraft des Wassers aus. „Der Regen strömt auf die Erde herab und weckt hier die Pflanzenwelt zum Leben. Und zwar ist es der Saft in den Pflanzen, an dem das Leben haftet. Nun folgert man weiter. Mit der Nahrung wird die lebenspendende Feuchtigkeit vom Menschen aufgenommen, sie erhält ihn und weckt bei der Zeugung neues Leben. Stirbt schließlich der Mensch und wird die Leiche verbrannt, so steigt die Flamme[3] zum Himmel empor. Und damit ist der Kreis geschlossen." (Ebd., S. 49; vgl. auch SCHNEIDER, 1961, S. 1–11)

2. Die Wind-Atem-Lehre nimmt als Lebensträger den Atem, den Hauch (im folgenden durch den Sanskrit-Terminus *prāṇa* wiedergegeben) an. Er belebt den Körper, und von allen Lebensäußerungen — genannt werden zumeist Rede (*vāc*), Sehvermögen (*cakṣus*), Hörvermögen (*śrotra*) und Denkvermögen (*manas*)[4], die als Lebenskräfte nach dem *prāṇa* „*prāṇāḥ*" (Pl.) genannt werden — ist er allein auch während des Schlafes aktiv. Beim Tod verlassen die Lebenskräfte mit dem *prāṇa* den Körper. Der *prāṇa* geht in sein makrokosmisches Pendant, den Wind (*vāyu*) ein[5].

3. In der Feuerlehre ist *agni vaiśvānara* (etwa: „das allen Menschen gemeinsame Feuer") das Grundelement im menschlichen Körper[6], der Lebensträger. Das Feuer kann „experimentell" nachgewiesen werden beim „Kochen" d.h. Verdauen der lebenswichtigen Speise und durch das Knistern, das man bei zugehaltenen Ohren hören kann (BĀU 5.9). Ähnlich wie gemäß der Wind-Atem-Lehre tritt der Tod dann ein, wenn der Lebensträger — hier das Feuer als Körperwärme — den Leib verläßt, um aufwärts zur Sonne zu gehen. Mit der Wind-Atem-Lehre ebenfalls ver-

---

[3] Mit der Flamme ist der Rauch als eine Station des Wassers verbunden.

[4] Zu *manas* vergleiche S. 23.

[5] Vgl. FRAUWALLNER, 1953, S. 55ff.

[6] Vgl. die ausführliche Beschreibung der Feuerlehre durch U. Wessel in: M. BOLAND/U. WESSEL, Indische Spiritualität und griechischer Logos — ein Gegensatz? Griechische und indische Naturphilosophie im Vergleich, in: Jahrbuch für Religionswissenschaft und Theologie der Religionen, Bd. 1, Freiburg (Breisgau), Basel, Wien 1993, S. 90-117, hier S. 107-115.

gleichbar ist die Zuordnung eines makrokosmischen Gegenstückes zum Feuer im Licht des Lichthimmels (ChU 3.13.7≠BĀU 5.9), das durch die Sonne als Loch im Firmament herabstrahlt. Beide, das Licht im Menschen und das Licht im Himmel, sind identisch. Lichtteilchen bilden, einem Strom ähnlich, einen Kreislauf zwischen der Sonne und den fünffarbigen Kanälen des menschlichen Herzens. Ein Wiedergeburtskreislauf wird in den Texten der Upaniṣaden im Zusammenhang mit der Feuerlehre nicht erwähnt. Wohl aber wird der Weg des Verstorbenen zur Sonne beschrieben und mit andeutenden Äußerungen über eine Erlösungslehre verbunden[7] (Der Wissende kann die Sonne durchschreiten.).

Anders als bei den vorsokratischen naturphilosophischen Anschauungen, die nur in zum Teil dunklen Textfragmenten, hier allerdings in Originalzitaten, erhalten sind und durch philologisch-philosophische Bemühungen erhellt werden müssen,[8] sind in den älteren Upaniṣaden zusammenhängende und in sich geschlossene Texte zur Wind-Atem-Lehre vorhanden. Die literarischen Erzeugnisse sind jedoch „... nicht aus einem Guß, vielmehr über viele Generationen, oft über Jahrhunderte hinweg, mehr schlecht als recht ... tradierte, ‚anonyme Literatur'...“ (SCHNEIDER, 1989, S. XV).

Den Begriff der „anonymen Literatur“ prägte HACKER (1961). „Weithin besteht die anonyme Literatur aus Texten, die einem mythischen Verfasser zugeschrieben werden. Aber das literaturgeschichtlich Charakteristische, das diesen Texten gemeinsam ist, besteht nicht darin, daß ihre Verfasser mythisch oder unbekannt sind, sondern darin, daß sie *allmählich gewachsen* (Hervorhebung durch HACKER) sind; daß sie die Form, in der sie uns vorliegen, erst durch Kompilation, Redaktion, Diaskeuase erhalten haben; daß sie Stücke enthalten, die einst selbständig existiert haben. Man könnte also auch von gewachsener Literatur, von Kompilations- oder Redaktionsliteratur sprechen.“ (HACKER, 1961, S. 483f.)[9].

Bei einer derartigen Quellenlage stellt sich die Frage nach einer Methode, die geeignet ist, die Textzeugnisse in ihrer zeitlichen Dimension sowie die Gründe ihrer Veränderungen zu erfassen: „Grundsätzliche, methodologische Reflexionen sind vielleicht in unserer Wissenschaft etwas

[7] Zu den verschiedenen Bewußtseinszuständen (Wachen, Tiefschlaf, Traumschlaf), die im Kontext der Feuerlehre behandelt werden, s. ebd. S. 109ff.

[8] Vgl. H. DIELS/W. KRANZ, 1961.

[9] Vgl. auch HACKER, 1985, S. 64: „Auf anderen Gebieten der indischen Philosophie ist unser Wissen unzulänglich, weil noch zu wenige Texte studiert worden sind; auf dem Gebiete der Upaniṣaden deswegen, weil die Texte auf unzulängliche Weise studiert worden sind. Man muß vielmehr hier erst die richtige Methode finden, damit man etwas entdecken kann.“

ungewöhnlich. Wenn ich recht sehe, reflektiert man bei uns nicht so oft über die Verfahrensweisen unserer Arbeit. Man lernt, übernimmt, erprobt, entwickelt diese Verfahren einfach im Vollzug. Das entspricht auch durchaus dem Wesen einer historischen Wissenschaft, in welcher fruchtbare Methoden niemals aus theoretischen Vorüberlegungen erwachsen können. Dennoch ist vielleicht auch für die Indologie einige methodologische Besinnung nicht unnütz, ..." (HACKER, 1961, S. 483).

Auf HACKER verweisend und durch die Auseinandersetzung mit den philosophischen Haupttexten der Upaniṣaden gelangte HANEFELD zu folgenden methodischen Erwägungen, die er mit Erfolg in seiner Arbeit (1976) anwandte. „In den beiden großen Upaniṣaden nun finden sich eine Reihe von in sich geschlossenen Abschnitten, die auch immer als relativ selbständige Textstücke betrachtet und zitiert werden. Es sind dies Stücke, in denen eindeutig ‚philosophische' Inhalte den Vorrang vor opferpriesterlichen Spekulationen haben. Von diesen Textstücken sollte man, glaube ich, ausgehen und versuchen, sie als geschlossene Einheiten aus sich selbst heraus zu interpretieren; andere Texte und Passagen sollten nur dann hinzugezogen werden, wenn sich Parallelstellen finden, die etwas zur Aufhellung des Textes beitragen. Nur auf diese Weise, so meine ich, kann man der Gefahr entgehen, mit einer Blütenlese von Zitaten ein vorausgesetztes System zu illustrieren." (HANEFELD, 1976, S. 17f.).

Zwar sind die in sich geschlossenen Texte zur Wind-Atem-Lehre weitgehend in der Literatur bekannt, doch sind sie mit dieser Methode bislang nicht untersucht worden[10]. Aufbau und Gestalt dieser Arbeit werden dadurch nachhaltig geprägt, daß ganze Passagen vorliegen und als solche untersucht werden müssen. Ein Kapitel beschäftigt sich jeweils mit einem Text und, soweit vorhanden, mit der jeweiligen Parallelfassung.

Da alle Texte von der Bedeutung des *prāṇa* handeln, dessen makrokosmisches Gegenstück der Wind ist, soll von einer Wind-Atem-Lehre gesprochen werden. In einem einleitenden Kapitel sollen im Verlauf der Arbeit stets wiederkehrende Begriffe vorab geklärt werden und ein Überblick über die gesellschaftliche Situation zur Zeit der Brāhmaṇas und Upaniṣaden gegeben werden, da im Kontext der Wind-Atem-Lehre des öfteren Wörter verwendet werden, die gesellschaftlich relevante Phänomene schildern.

Behandelt werden zuerst JUB 3.1-2 und ChU 4.1-3. Beide Texte im Vergleich umfassen bereits eine erstaunliche Entwicklung der Wind-Atem-Lehre von der ältesten Stufe in den Rätselversen am Schluß über eine auf den Makrokosmos ausgedehnte Wind-Atem-Lehre bis zu einer

[10] Vgl. FRAUWALLNER, 1953; DEUSSEN, I. Bd., 2. Abteilung 1920.

bereits erstarrten Form dieser Naturphilosophie. Bevor die Fabeln des Wettstreites der Lebenskräfte, die die Wind-Atem-Lehre zum Thema haben, behandelt werden, soll der Wettstreit zwischen *manas* und *vāc* in ŚB 1.4.5.8-12, einer „Vorläuferfabel“ des Wettstreites der Lebenskräfte, untersucht werden. Als sehr vorteilhaft erweist sich der Umstand, daß der Wettstreit der Lebenskräfte in den Fassungen ChU 5.1-2.2≠BĀU 6.1≠ŚĀ 9. mit der text- und redaktionskritischen Methode verglichen werden kann. Hieran schließt sich eine Untersuchung von BĀU 1.5.21-23, KauU 2.1.13 und PrU 2.1-4 an.

Vor der Zusammenfassung und Auswertung der gewonnenen Ergebnisse soll noch ein kurzer Ausblick auf eine Wettstreit-Fabel des Mahābhārata und auf Wettstreit-Fabeln in der Weltliteratur gegeben werden.

2. Betrachtungen zu grundlegenden Begriffen

A. Die Begriffe prāṇa und vāyu

1. prāṇa

Das PW führt für *prāṇá* „Hauch, Athem; im engsten Sinne die eingeathmete Luft, im weitesten Lebenshauch überh., Lebensgeist, Lebensorgan; pl. Leben." an. Es gehört nach MAYRHOFER (1992, Bd. I) zur Wurzel *an* „atmen".

prāṇá erscheint im ṚV nur an fünf verschiedenen Stellen[1]; dreimal im jüngeren 10. Buch, jeweils einmal im *virāj*-Abschnitt von Buch 1 und „in dem jungen, der ursprünglichen Hymnenreihe angehängten Stück III,53" (OLDENBERG, 1888, S. 279, vgl. auch DANDEKAR, 1938, S. 23f.). Verbalformen der $\sqrt{an}$ begegnen nur im 10. Buch des ṚV und in 7,101,5; 7.164,30. *apāna, udāna, vyāna, samāna* kommen im ṚV noch nicht vor (S. OLDENBERG, S. 279, Fußnote 1). Da in diesen fünf Stellen für die Wind-Atem-Lehre wesentliche Inhalte angesprochen werden, sollen sie in aller Kürze vorgestellt werden. Allen voran ist ṚV 10.90.13 (*Puruṣa-Sūkta*) zu nennen.

ṚV 10.90.13

candrámā mánaso jātáś
cákṣoḥ sū́ryo ajāyata/
múkhād índraś cāgníś ca
prāṇā́d vāyúr ajāyata//13//

Der Mond ist aus dem *manas*[2] (sc. des *māhāpuruṣa*) entstanden, aus dem Sehvermögen entstand die Sonne; aus dem Mund [entstanden] Indra und Agni, aus *prāṇa* entstand der Wind.

Eingebunden in das Schema vom Mikro- und Makrokosmos bei der Schöpfung der Welt durch den *puruṣa*, verweist diese Anuṣṭubh-Strophe

[1] Vgl. auch EWING, 1901, S. 250f, der sich in seinem Aufsatz mit den fünf Hauchen *prāṇa, apāna, vyāna, udāna* und *samāna* beschäftigt und B. SCHLERATH, 1960, S. 22f. zu *prāṇa* und *vāyu* im ṚV und AV.

[2] Zu *manas* s. S. 23.

auf die in der Wind-Atem-Lehre grundlegende Wechselwirkung zwischen Wind und Atem. Da zudem in den Strophen 13 und 14 alle Lebenskräfte genannt werden, die in der Wind-Atem-Lehre der Upaniṣaden vorkommen, ist nach SCHNEIDER davon auszugehen, daß die Wind-Atem-Lehre bei der Abfassung von ṚV 10.90 bereits bekannt war (SCHNEIDER, 1989, S. 50). SCHNEIDER weist nach, daß die fünf Lebenskräfte in eine Vierer-Ordnung gepreßt wurden und daher auf zwei Strophen verteilt vorkommen. „Die Erklärung für diese Manipulation ist, daß die Vierer-Gliederung hier, wie im gesamten Puruṣasūkta, nach dem Vorbild der Vier-Varṇa-Theorie der Str. 12 gemodelt wurde. Woraus folgt: dem Verfasser des Puruṣasūkta ging es nicht (jedenfalls nicht in erster Linie) um die Entstehung der Welt (Str. 14) oder um die Entstehung von Mond, Sonne und den wichtigsten Göttern (Str. 13), es ging ihm vielmehr um die Entstehung der vier Stände (*varṇa*) mit dem Brāhmaṇa an der Spitze.“ (SCHNEIDER, 1989, S. 50)[3].

In ṚV 10.16.3 werden ebenfalls, wie in ṚV 10.90.13, Teile des Körpers mit makrokosmischen Größen in Verbindung gesetzt; nun aber derart, daß nach dem Tode das Sehvermögen (*cákṣus*) in die Sonne gehen soll und der *ātman* in den Wind (*vāta*). *ātman* wird hier bedeutungsgleich mit *prāṇa* verwendet. Nach der Untersuchung von WENNERBERG ist bei der Etymologie des Wortes *ātman* davon auszugehen, daß die Wörter *tanū́*- f. Leib; *tmā́n*- und *ātmán* eine etymologisch zusammenhängende Gruppe von Wörtern bilden, ausgehend von der Wurzel *tan* ‚spannen, dehnen' (WENNERBERG, 1981, S. 269). Den kleinsten gemeinsamen Nenner zwischen *ātmán, tmán, tanū́* bilden dann die „Begriffe ‚Ausdehnen'/‚das Ausdehnen'(: ‚spannen, dehnen'), denn der Atem dehnt ja gleichsam den Körper bei der Atmung aus, und der Begriff ‚Körper' kann entweder als ‚das Ausgespannte, Ausgedehnte, Lange, Schlanke o. dgl.' aufgefaßt werden oder als Schlußprodukt in einer Entwicklungskette 'der Ausdehner' oder ‚das Ausdehnen' » ‚der Ausdehner' oder ‚das Ausdehnen' » ‚der Atem' » ‚der Lebenshauch' » ‚das Lebensprinzip' » ‚das Leben' » ‚die eigene Person' » ‚der Körper' gesehen werden.“ (ebd., S. 269).

ṚV 1.66.1 u. 2.

rayír ná citrā́
sū́ro ná saṃdṛ́g
ā́yur ná prāṇó
nítyo ná sūnúḥ//1//

[3]Vgl. auch seine Analyse der AiU in Verbindung mit dem Puruṣasūkta, ebd. S. 29-37, 43-50 und SCHNEIDER, 1963.

tákvā ná bhū́rṇir
vánā siṣakti
páyo ná dhenúḥ
śúcir vibhā́vā//2//

Wie glänzender Reichtum, wie der Sonne Anblick,
wie die Lebensspanne als Hauch, wie der eigene/leibliche Sohn,
wie ein flüchtiges Raubtier[4] (oder: feuriger Vogel) erstrebt er
die Wälder, wie die Kuhmilch hell glänzend.

Diese Strophen im Metrum Dvipadā-Virāj[5] beschreiben Agni, an den der gesamte Hymnos gerichtet ist. Die Vergleiche in Strophe 1 pāda a und b sowie Strophe 2 pāda c und d zielen ab auf den Glanz von Agni. Strophe 1 c und d beschreiben, daß Agni so wichtig ist wie der *prāṇa* während der Lebenszeit (also für das Diesseits) und der eigene Sohn (für das Jenseits). Der feurige Vogel/das flüchtige Raubtier in Strophe 2 pāda a und b zielt wohl ab auf Agni, der das Holz des Waldes als Nahrung erstrebt oder den Wald als Zufluchtsort aufsucht, um sich dort zu verstecken.

DANDEKAR (1938, S. 23f.) sieht in *ā́yur ná prāṇó* eine Gleichsetzung von *prāṇa* und *āyus*, wie sie später in KauU 3.2[6] erfolgt. M. E. zielt der Vergleich ausschließlich ab auf die enge Verbindung zwischen Lebenszeit und *prāṇa*. *prāṇa* ist nur solange im Körper, wie die Lebenszeit währt, und er tritt nach dem Tode in den Wind ein. Die Lebenszeit, die idealerweise hundert Jahre beträgt, schwindet im Verlauf des Lebens[7]. Eine Gleichsetzung von *prāṇa* und *āyus* kann daher in ṚV 1.66.1 nicht vorliegen[8].

ṚV 3.53.21

índrotíbhir bahulā́bhir no adyá
yācchreṣṭhā́bhir maghavañ chūra jinva/
yó no dvéṣṭy ádharaḥ sás padīṣṭa
yám u dviṣmás tám u prāṇó jahātu//

---

[4] Nach GELDNER, 1951.
[5] Vgl. OLDENBERG, 1888, S. 96.
[6] *āyuḥ prāṇaḥ/prāṇo vā āyuḥ.*
[7] Die zeitliche Bedeutung, die ved. *ā́yus* hat und durch die Übersetzung 'Lebenszeit, -spanne' zum Ausdruck gebracht wird, kommt nach GEIB bereits dem entsprechenden für das Indogermanische rekonstruierbaren Wort zu (GEIB, 1975, S. 269, Anm. 1). Vgl. auch seine Ausführungen zu Stellen im ṚV, die den Versuch schildern, über die Lebenszeit hinaus zu leben (ebd.).
[8] Vgl. auch JOSHI, 1977/78, S. 39. Er führt interessante *prāṇa*-Stellen in den Brāhmaṇas und Upaniṣaden auf, kommt aber zu keinen neuen Ergebnissen.

O Indra, mit den vielen, mit den vorzüglichsten Hilfen, O gabenreicher Held, mache uns heute regsam.
Wer uns haßt, der soll tief sinken, wen wir hassen, den soll der *prāṇa* verlassen.

Der Hymnos an Indra, dem diese Triṣṭubh-Strophe entstammt, ist hinsichtlich des Feindeszaubers in pāda c und d von Interesse. Vergleichbare Stellen sind AiB 8.28, BĀU 1.5.21 (ein Wettstreit der Lebenskräfte), KauU 2.13. Dem Feind zu wünschen, ihm möge der Atem ausgehen, ist gleichbedeutend mit dem Wunsch nach seinem Tod. Der *prāṇa* ist hier, wie bei der Wind-Atem-Lehre, der Lebensträger. So ist beim Wettstreit der Lebenskräfte ChU 5.1-2.2≠BĀU 6.1≠ŚĀ 9 das zentrale Motiv der Auszug des *prāṇa* aus dem Körper.

ṚV 10.59.6

ásunīte púnar asmā́su cákṣuḥ
púnaḥ prāṇám ihá no dhehi bhógam/
jyók paśyema sū́ryam uccárantam
ánumate mṛḷáyā naḥ svastí//

O Führerin des *ásu* (Lebenskraft), gib uns das Sehvermögen wieder, uns den *prāṇa* wieder, den Genuß hienieden; lange noch möchten wir die Sonne aufgehen sehen, o Zustimmende/Anumati, sei uns gnädig zum Heil!

Der Hymnos 10.59[9] setzt den Hymnos 10.58 fort. Der wiederbelebte Subandhu soll langes Leben und Gesundheit erlangen. In den Strophen 1.59.4-7 wird für alle am Opferplatz Anwesenden langes Leben und Gesundheit gewünscht. In Strophe 5 wird darum gebeten, daß das *mánas* erhalten bleibt und das volle *ā́yus* erlangt wird (*ásunīte máno asmā́su dhāraya jīvā́tave sú prá tirā na ā́yuḥ/).*

In den Strophen 5 und 6 werden für das irdische menschliche Leben notwendige Kräfte genannt. Neue Erkenntnisse vermittelt uns der Text nicht.

Schwierig ist die nun zu behandelnde Stelle ṚV 10.189.2.

antáś carati rocanā́syá prāṇā́d apānatī́/
vyàkhyan mahiṣó dívam//

[9] Vgl. GELDNER, 1951 und zu ṚV 10.59.1 GEIB, 1975, S. 279.

> Die Leuchtende geht zwischen (Vater Himmel und Mutter Erde); sie ist aus dessen (=*agni*) *prāṇa* eine Abhauchende. Der Büffel betrachtete den Himmel.

asya in *asya prāṇād* bezieht sich auf den in Strophe 1 genannten bunten Stier, der sich auf seinem Weg zur Sonne vor Mutter Erde und Vater Himmel gesetzt hat. OLDENBERG (1912, S. 366) diskutiert, ob es sich bei dem genannten Stier um die Sonne oder um Agni handelt. Agni hält er für wahrscheinlicher. Dieser Auffassung stimme ich zu, zumal Agni u.a. in ṚV 6.6.5, 6.8.1 u. 3 mit einem Bullen verglichen wird.

Aus dem *prāṇa* von Agni ist die Leuchtende eine *apānatī*. *apānatī* ist die einzige Wortform, die im ṚV von *apa* und $\sqrt{an}$ vorkommt. Eine Übersetzung dieser Stelle wird zusätzlich noch dadurch erschwert, daß es bei der Übersetzung der Substantive *prāṇa* und *apāna* zu kontroversen Diskussionen kam.

„Much confusion reigns in regard to the meaning of the two words prāṇa and apāna. One set of scholars, led by Böhtlingk, understands prāṇa to have meant outbreathing. Another school, following Deussen, insists that originally prāṇa meant outbreathing and apāna inbreathing. All agree that in later times these two words may mean air located and functioning in the upper and lower parts of the body respectively". (BROWN, 1919, S. 104)[10] Seiner Untersuchung zufolge gilt: „Prāṇa is always the chief breath, being just what we mean by breath in English. Apāna is regularly a special air (vāyuviśeṣaḥ) which carries off the excrements. Prāṇa is in the heart, mouth and nose; it goes to the navel and there meets with apāna, which circulates in the lower parts of the body generally." (BROWN, 1919, p. 108)

Dieses Untersuchungsergebnis wird gestützt durch die neuere Arbeit von WEBER-BROSAMER (1988) zur Speise (*annam*). Er arbeitet für *apāna*, der Atem, der die Speise verdaut und ausscheidet, noch einen zusätzlichen Bedeutungsinhalt heraus. In ŚB 10,1,4,12 essen die Götter Speise mit *prāṇa*, die Menschen mit *apāna*. „Der vom Text nicht ausgesprochene, gleichwohl wesentliche Richtungsunterschied ist jedoch dieser: Die Speise der Götter steigt mit Agni empor, diejenige der Menschen geht über die Verdauungswege nach unten. ... Somit wäre das eigentliche Verdauen — das heisst: Assimilieren der Speise zu einem sichtbaren Körper (s.o.) — das wohl ausschließliche Charakteristikum irdischer Wesen." (WEBER-BROSAMER, 1988, S. 50)

Wenn dieser Bedeutungsansatz für *apāna* auf ṚV 10.189.2 angewendet werden darf, dann wäre möglicherweise das göttliche Feuer als mikro-

[10] Vgl. auch CALAND, 1901, S. 261ff; DUMONT, 1957, S.46; EDGERTON, 1958, p. 51ff.

kosmisches Pendant zur Sonne gemeint, das beim Verdauen der Speise durch *prāṇa* als Ausstoß (=*apāna*) Rauch und Flammen erzeugt. Der rötliche Morgennebel, der sich optisch mit den rötlichen Flammen und dem Rauch des Feuers (*apāna*) vermischt, ist an anderer Stelle Atemhauch der Morgenröte (*aruṇápsu*). „*aruṇápsu* 'dessen (deren) Atemhauch rötlich ist'. Von der Uṣas: V 80,1 [=ṚV; Anm. d. Verf.]; VIII 5,1; VIII 62(73), 16. Der Atemhauch der Morgenröte sind selbstverständlich die bei Sonnenaufgang im Osten erglühenden Nebel und Wolken." (THIEME, 1951/1971 [8]/79).

Da in diesem Hymnos keine weiteren Hinweise, die für diese Vorstellung sprechen könnten, enthalten sind, kommt man aber über bloße Spekulation nicht hinaus.

Zusammenfassend läßt sich festhalten: Eine Form der Wind-Atem-Lehre ist bereits im 10. Buch des ṚV bekannt. Der *prāṇa* wurde als Lebensträger betrachtet, der — anders als *ā́yus* — nicht schwindet (ṚV 1.66.1) und nach dem Tod in den Wind eingeht. Als Lebensträger wird er ebenfalls in der Bitte an die Führerin der Lebenskraft *aśu* betrachtet (ṚV 10.59.6). Die gewünschte Einflußnahme auf den Lebensträger *prāṇa* eines Gegner ist beim Feindeszauber in ṚV 3.53.21 bezeichnend. In den Texten zur Wind-Atem-Lehre der älteren Upaniṣaden, dies sei vorweggenommen, ist der *prāṇa* der Atem, der Lebensträger, von dem die Lebenskräfte Rede (*vāc*), Sehvermögen (*cakṣus*), Hörvermögen (*śrotra*) und *manas* abhängig sind. Gleichzeitig ist er das mikrokosmische Pendant zum makrokosmischen *vāyu*, dem zweiten Begriff der Wind-Atem-Lehre.

2. vāyu

vāyú ist laut MAYRHOFER (1976, Bd. III, S. 190) „m. Wind, Luft, Gott des Windes." Der Begriff findet sich häufig schon im ṚV. Ein zusätzlicher seit dem ṚV bekannter Ausdruck für den Wind und den Gott des Windes ist *vā́ta* (vgl. MAYRHOFER, 1976, S. 184). *pávana* ist Benennung für den „reinigenden Wind", mit dem z.B. das Säubern des Getreides geschieht (vgl. PW „das Reinigen (des Getraides), ... m. Wind (der Reiniger)", MAYRHOFER, 1963, Bd. II, S. 237; Mayrhofer, 1992, Bd. II, Lieferung 12, S. 105 übersetzt mit „m. Sieb, Worfelkorb".) Eine relativ junge Bezeichnung des Windes ist *ánila*, die erstmals in BĀU 5.3.1 (KāR. 5.15.1≠ŚB 14.8.3.1) vorkommt (Vgl. INSLER, 1974, S. 115.).

Die Verbalwurzel *an* bezeichnet den Vorgang des Atmens, nicht aber das Wehen des Windes (vgl. INSLER, 1974, S. 116). Hierfür existiert das Verbum *vā́ti* (ebd.). INSLER führt *ánila* (Wind) nicht auf die Verbalwurzel *an*, sondern auf *nélayati (na ilayati)* (nicht ruhen, nicht still sein) zurück. „Thus, *ánilaḥ* is 'the never resting, never still one', and is originally an attributive quality of the wind." (INSLER, 1974, S. 119) In der Wind-Atem-Lehre wird ebenfalls die ununterbrochene Aktivität von Wind und Atem besonders betont. *pávate* steht inhaltlich häufig in enger Verbindung zum Wehen des Windes. Es bedeutet: „rein werden, sich läutern (RV + pávate 'wird rein, läutert sich', Faktitiv punā́ti 'läutert, macht rein'" (MAYRHOFER, 1992, Bd. II, Lieferung 12, S. 105). GOTŌ vertritt die Auffassung (1987, S. 207), daß auch an Stellen im ṚV, an denen pávate „wehen" bedeuten soll „die Bedeutung 'rein werden' ... ('der Wind wird rein, d.h. der Wind weht rein, es weht ein reiner staubfreier Wind')" zugrundeliegt.

Sowohl Wind als auch Atem werden als natürliche Erscheinungen in ihrer Funktion für den Organismus und die Welt betrachtet und bekommen dadurch ihre Bedeutung für die Naturphilosophie.

B. Magisches Denken, Naturphilosophie und gesellschaftliche Strukturen zur Zeit der Brāhmaṇas und Upaniṣaden

Dem Gedankengut der Upaniṣaden liegen Vorstellungen zugrunde, die teilweise wohl älter als 2500 Jahre sind. Darum ist es hilfreich, die Ansichten vom Aufbau der Welt [11] und von der Ordnung innerhalb der Gesellschaft [12] der damaligen Zeit mitzuberücksichtigen.

Bestimmend für die Erfahrung von „Welt" ist das magische Denken [13] zur Zeit der Brāhmaṇas und Upaniṣaden, in das erst langsam das naturphilosophische, rationale Denken eindringt. So finden sich in den Textzeugnissen Abschnitte, in denen entweder magisches oder naturphilosophisches Denken vorherrscht, vermittelt oder unvermittelt nebeneinander. Zu dieser Einschätzung kam bereits HACKER, der konstatierte: „Im späteren indischen Denken gab es eine reiche Entwicklung der Naturphilosophie. Die Anfänge dieses naturphilosophischen Denkens können zum Teil auch auf die Upaniṣaden zurückgeführt werden. Es ist jedoch unmöglich, Upaniṣad-Texte herauszufinden, die nur Naturphilosophie oder Kosmologie behandeln würden. Diese Themata sind vielmehr immer mit anthropologischen Elementen verquickt. Dennoch ist

[11] Zur Kosmologie der Brāhmaṇazeit vgl. KLAUS, 1986.

[12] vgl. RAU, 1957.

[13] Eine gute und immer noch gültige Darstellung der Magie in Abgrenzung zur Religion und zum rationalen Denken gibt BERTHOLET, 1926/27; s. a. PETZOLDT, 1978, THIEL, 1986, S. 52.

es notwendig, festzustellen, daß es Anfänge einer Naturphilosophie in den Upaniṣaden gibt und daß dort kosmologische und kosmogonische Gedanken vorkommen" (1985, S. 67).

Die Kennzeichnung als „Naturphilosophie" ist also immer idealtypisch. Unter Naturphilosophie[14] soll ein Denkansatz verstanden werden, der durch folgende Merkmale gekennzeichnet ist[15]:

1. Naturphilosophie geht von der Grundfrage aus, **welches Prinzip das Leben bedingt**, und findet die Antwort in einem Element (Wasser, Luft, Feuer), das als kosmisches Grundelement bzw. körperliches Lebenselement betrachtet wird.
2. Anders als in Mythos oder Religion wird diese Antwort aus der **Beobachtung physischer Phänomene** gewonnen; dabei sind schon Ansätze einer „experimentellen Methode" erkennbar.
3. Thema der Naturphilosophie ist nicht das von Göttern gelenkte Schicksal der Menschen, sondern das menschliche Leben wird beschrieben als Resultat materieller, kausaler und damit **gesetzlicher Abläufe**, basierend auf dem jeweils angenommenen lebenstragenden Element.
4. Dementsprechend geht es für den Menschen nicht mehr primär darum, durch eine den religiösen Anforderungen entsprechende Lebenspraxis die Götter für sich zu gewinnen, sondern das **Wissen** um diese naturgesetzlichen Vorgänge rückt in den Mittelpunkt des Interesses[16].
5. Anders als im Mythos werden nicht mehr Einzelphänomene erklärt, sondern die naturphilosophischen Ansätze wollen **das Ganze des kosmischen wie menschlichen Lebens erklären.**

Diese Charakteristika gelten sowohl für die indische wie für die griechische Naturphilosophie. SCHNEIDER, sich auf FRAUWALLNER[17] berufend, kommt daher auch zu dem Eindruck: „ ... , daß wir in der frühesten Textschicht der Upaniṣaden die Anfänge eines neuen Denkens fassen können, wie sie fast gleichzeitig (oder nur wenig später) auch in Griechenland, d. h. in der griechischen Naturphilosophie, auftauchen.

---

[14] Zum Begriff Naturphilosophie vgl. APEL/LUDZ, 1976, s. v. und HENNEMANN, 1975, S. 13ff., der unter Naturphilosophie vornehmlich Naturwissenschaft versteht. Dabei sieht er Naturphilosophie nur bei den Griechen und nicht in den östlichen Ländern vertreten (ebd., S. 13). Einen Vergleich zwischen griechischen und östlichen naturphilosophischen Ansätzen versucht WEST, 1971.

[15] S. M. BOLAND/U. WESSEL. 1993, S. 95f.

[16] W. SCHADEWALDT stellt für Griechenland dar, wie die „physis" als Thema der Vorsokratiker und die „areté" als Thema der Dichtung und der Sophistik vor Sokrates getrennt waren. (W. SCHADEWALDT, 1988, S. 21)

[17] S. FRAUWALLNER, 1953, S. 48f.

Tatsächlich kann man sich dieses Eindrucks kaum erwehren; und ich bin überzeugt, daß wir hier morphologisch vergleichbare Erscheinungen zweier Hochkulturen vor uns haben." (SCHNEIDER, 1961, S. 1)

Die Grundfragen der Menschen nach dem Ursprung der Welt und des Lebens, dem Verbleib des Selbstes nach dem Tod und die versuchten Antworten auf diese existentiellen Fragen enthalten die Mythen der Brāhmaṇas, jedoch magischen Denkstrukturen folgend. Diese Fragen werden schließlich neu beantwortet durch die aufkeimende, rationale Naturphilosophie. Zu diesem Übergang von der Magie zur Philosophie bei den Griechen[18] sei SCHADEWALDT zitiert, der fragt, ob „...in einem bestimmten Augenblick im sechsten Jahrhundert mit Thales die Philosophie ‚angefangen' hat? Ich glaube, daß das nicht so gewesen sein kann, weil nämlich die Philosophie, ebenso wie Geschichte, Religion und Kunst, nicht Dinge sind, die in einem bestimmten Augenblick entstehen, sondern Urangelegenheiten des Menschen und mit dem Menschen selbst gesetzt sind. Sie sind nicht irgendwann einmal vom Himmel gefallen, weder bei Sokrates noch bei Thales, sondern es handelt sich um ein sich längst irgendwie unterirdisch vorbereitendes Denkgeschehen, das sich erst in andere Formen verkleidete: Mythos, Dichtung, usw., bis es dann ausdrücklich wird, und dieses Ausdrücklichwerden meinen wir eigentlich, wenn wir von einem Beginn der Philosophie sprechen." (SCHADEWALDT, 1988, S. 17) Dieser Prozeß vollzieht sich auch im frühen indischen Denken und Philosophieren.

Nun zeigen sich zum einen unterschiedliche Richtungen des Fragens im frühen indischen und griechischen Philosophieren und zum andern eine unterschiedliche Problematik bei der Quellenlage. Nennt man die Philosophie der Vorsokratiker Naturphilosophie, weil sie sich mit rationalem, naturwissenschaftlichem Denken der Natur, dem Kosmos zuwenden, so fällt die Blickrichtung der Inder auf die Ergründung des Selbst, entsteht die Frage nach dem Träger des Lebens, die rational beantwortet wird. „Während nämlich die griechischen Naturphilosophen sich vornehmlich mit der Außenwelt oder besser dem Universum beschäftigen, haben die vergleichbaren indischen Philosophen ihren Blick auf sich selbst oder, was so ziemlich dasselbe ist, auf ihren Körper gerichtet, vertreten also eine, wenn man so sagen darf, subjektsbezogene Naturphilosophie". (SCHNEIDER, 1961, S.1.)

---

[18] Zur Anthropologie bei den Griechen und hier speziell zur Bedeutung *thymos* (entspricht von der Bedeutung her dem *prāṇa*) s. ONIANS, 1954, S. 44-56; *thymos* in Verbindung zu den fünf Sinnen s. S. 66-83.

Bei der Untersuchung von Upaniṣad-Texten ist auf folgendes Problem hinzuweisen [19]: Das Gedankengut der Upaniṣaden wurde mündlich durch die Gruppe der Priester, der Brahmanen, tradiert. Dabei erfuhren die Texte Veränderungen, die nicht zuletzt im priesterlichen Eigeninteresse begründet lagen [20]. Da einige der naturphilosophisch relevanten Texte neben den naturphilosophischen Erkenntnissen auch Hinweise auf gesellschaftliche Strukturen enthalten, wie noch dargestellt werden soll, sei nun eine kurze Beschreibung der gesellschaftlichen Verhältnisse zur Brāhmaṇazeit angeschlossen.

C. Gesellschaftliche Strukturen zur Brāhmaṇazeit

Über die gesellschaftlichen Strukturen im alten Indien, erschlossen aus den Brāhmaṇas, handelte RAU (1957). Aufschlüsse über das Verhältnis zwischen Brahmanen und Kṣatriyas verdankt die Forschung der Arbeit von HEESTERMAN (1957). Neuere Forschungsergebnisse von KULKE (1992) geben weitere Einblicke in die soziopolitischen Entwicklungen zur Zeit der Brāhmaṇas und Upaniṣaden.

Grundlegend für die Zeit der Brāhmaṇas ist ein bedeutender soziopolitischer Wandel: der über lange Zeit sich erstreckende Prozeß der Seßhaftwerdung und Auflösung der einzelnen „Stämme", der eine zunehmende Stratifizierung innerhalb der Gesellschaft zur Folge hatte.

> „Der entscheidende soziale Wandel trat während dieser Zeit durch den Aufstieg der Brahmanen zu hochqualifizierten rituellen Spezialisten und der Kṣatriyas zu Kriegern und Landbesitzern ein. Das Kastensystem der vier varṇas spielte noch eine sehr unbedeutende Rolle, obschon es in spätvedischen Texten durchaus bekannt ist. Das charakteristische Merkmal der spätvedischen Gesellschaft wurde das symbiotische Verhältnis [21] der Brahmanen und Kṣatriyas und ihre dominante Position gegenüber der Dorfbevölkerung (viś). Die rituellen Brāhmaṇa-Texte schildern geradezu lehrbuchartig den

---

[19] Vgl. auch S. XVf.

[20] Vgl. SCHNEIDER, 1989, S. 29.

[21] KULKE nennt das Verhältnis zwischen Brahmanen und Kṣatriyas symbiotisch. An dieser Stelle sei auf HEESTERMAN verwiesen, der durch seine Untersuchung des *rājasūya* zeigen kann, daß das Verhältnis zwischen dem König und seinem *purohita* sehr eng ist. „The distinctive feature of Indian kingship is the intimate connection of royal and priestly power, the marriage-like bond between the king and a brahmin, his purohita." (HEESTERMAN, 1957, S. 226).

Aufstieg dieser neuen ländlichen Elite in einer bisher an Stammesnormen orientierten, egalitären Gesellschaft. Es ist überaus faszinierend, in zahlreichen Riten dieser Zeit ganz offensichtliche Versuche zu entdecken, die soziale Position des Opferherren zu stärken und seinen offenbar keineswegs immer ganz sicheren Aufstieg durch magische Mittel abzusichern. In diese Zeit der sozialen Stratifizierung und Seßhaftwerdung der früheren arischen Stämme fällt auch die Entstehung starker Häuptlingstümer und früher, kleiner Königreiche. Dieser Prozeß läßt sich abermals aus den zeitgenössischen Brāhmaṇa-Texten rekonstruieren. Ihre Rituale illustrieren sehr deutlich die schrittweise Ausdehnung politischer Macht über den Bereich des eigenen, lokalen Clans bis hin zur Begründung kleiner Königreiche. "(KULKE, 1992, S. 211)

Von zentraler Bedeutung für diese frühe Phase staatlicher Entwicklung sind Ergebnisse archäologischer Grabungen. In allen „Hauptstädten" der kleinen Fürstentümer und Königreiche im Ganga-Yamuna-Zweistromland wurde die graubemalte Keramik gefunden. So weisen alle im Mahābhārata vorkommenden Orte, vor allem Hastināpura, diese grau bemalte Keramik auf. Die Verteilung der Keramik läßt auf ein engmaschiges Netz von kleinen Fürstentümern schließen, das sich über weite Teile des indischen Nordens erstreckt (s. KULKE, 1992, S. 211).

Einher mit der „formativen Phase" [22] ging ein tiefgreifender Wandel im geistig-religiösen Bereich. Die Brahmanen wurden zu hochentwickelten Opferspezialisten in einem stets komplizierter werdenden Opferritual. „Dieser Ritualismus der Brāhmaṇa-Zeit mag als der erste umfassende indische Versuch gewertet werden, die alles durchdringenden Gesetze des Kosmos zu entdecken und, soweit wie möglich, durch das Ritual zu manipulieren"(KULKE, 1992, S. 212).

Der nächste entscheidende Schritt erfolgte in der Mitte des 1. Jahrtausends vor Christus durch die Besiedlung der östlichen Gangesebene [23]. Zeugnis für diesen historischen Prozeß legt ŚB 1.4.1.14-17 [24] ab:

„14. Māthava, the Videgha, was at that time on the (river) Sarasvatī. He (Agni) thence went burning along this earth towards the east; and Gotama Rāhūgaṇa and the Videgha Māthava followed after him as he was burning along. He burnt over (dried up) all these rivers. Now that (river), which is called 'Sadānīrā', flows from

[22] S. KULKE, 1992, S. 212.

[23] Das Gebiet zwischen Allahabad und dem heutigen Bihar bis an die Grenze Bengalens; s. KULKE, 1992, S. 212

[24] Vgl. auch WEBER, 1855, S. 170-172, 178f. und DERS., 1886, S. 11-13 („Sage von der Weiterwanderung der Arier nach Osten").

the northern (Himālaya) mountain: that one he did not burn over. That one the Brāhmans did not cross in former times, thinking, 'it has not been burnt over by Agni Vaiśvānara.'

15. Now-a-days, however, there are many Brāhmans to the east of it. At that time it (the land east of the Sadānīra) was very uncultivated, very marshy, because it had not been tasted by Agni Vaiśvānara.

16. Now-a-days, however, it is very cultivated, for the Brāhmans have caused (Agni) to taste it through sacrifices. Even in late summer that (river), as it were, rages along: so cold is it, not having been burnt over by Agni Vaiśvānara.

17. Māthava, the Videgha, then said (to Agni), 'Where am I to abide?' 'To the east of this (river) be thy abode!' said he. Even now this (river) forms the boundary of the Kosalas and Videhas; for these are the Māthavas (or descendants of Māthava) (EGGELING, 1882).

Neben der späten Besiedlung des Ostens macht der Text auch deutlich, „... daß die orthodoxen Brahmanen des westlichen Zweistromlandes, des „Mittellandes" (Madhyadeśa), anfänglich in Verachtung auf die Bewohner des Ostens herabblickten, denn deren Land war nicht von ihrem Feuergott Agni gereinigt und für sie bewohnbar gemacht worden" (KULKE, 1992, S. 213). Obwohl der Feuergott Agni, der Gott der Brahmanen par excellence, dem Fürsten Videgha riet, im Osten zu siedeln, mußte er es ohne Hilfe der Brahmanen tun. Erst später, als das ŚB verfaßt wurde, in dem sich die Erinnerung an jenes ferne Ereignis in Form dieser Erzählung niederschlug, galt auch das östliche Gebiet als für Brahmanen rein. Archäologische Zeugnisse unterstützen die Aussage des ŚB. So fehlt in den frühesten Siedlungsschichten der ältesten Siedlungsstätten, nämlich der späteren urbanen Zentren des Ostens wie z.B. Rajghat im heutigen Benares, jede Spur der graubemalten Keramik. „Die Nichtexistenz dieser typischen, spätvedischen Keramik im Osten läßt nur den Schluß zu, daß die Völker des Ostens in dieser frühen Zeit auch nicht mit den wichtigen keramischen Opferutensilien ausgestattet waren, die für brahmanische Opfer unabdingbar waren" (KULKE, 1992, S. 214).

In diesem „brahmanischen Vakuum" entstanden die Texte der frühen Upaniṣaden. So erscheinen häufig in ihnen die Namen östlicher Völker (z.B. Janaka von Videha, die Kāśis in Rajghat), die in den Brāhmaṇas nicht vorkommen. Der Einfluß der nichtbrahmanischen Kasten und der Frauen, der sich in den Upaniṣaden zeigt, mag auf das „brahmanische Vakuum" zurückzuführen sein. Vor diesem Hintergrund entsteht die Naturphilosophie, die bestrebt ist, den Träger des Lebens zu ergründen[25].

Es ist noch einmal auf die Zweiteilung innerhalb der indischen Gesellschaft zur Zeit der Brāhmanas zurückzukommen. Dieses Verhältnis

[25] S. KULKE, 1992, S. 215. Zum weiteren entscheidenden Wandel innerhalb Nordindiens während der spätvedischen Zeit s. ebenfalls KULKE, 1992, S. 216f.

drückt sich in den Begriffspaaren *śreyas* : *pāpīyas* (reich : arm), *attṛ* : *ādya* (Leistungen empfangend : zu Leistungen verpflichtet) und *bhartṛ* : *bhārya* (Versorger : Versorgter) aus (s. RAU, 1957, S. 32). *jyeṣṭha*, *śreṣṭha*, *pāpīyas* und *bali* sind Schlüsselbegriffe, die in den Fabeln über den Wettstreit der Lebenskräfte vorkommen.

An der Spitze der *śreyas*, *attṛ* und *bhartṛ* befand sich der Kriegeradel nebst Regenten. Der Kriegeradel ist gegenüber den anderen Gesellschaftsgruppen abgegrenzt, aber nicht homogen (vgl. RAU, 1957, S. 67). So gibt es mehrere Bezeichnungen für den Adel, wie u.a. *rājanya* und *rājan*. „*Rājanya* ... bezeichnet ... den Adligen schlechthin, ... den Mann aus königlichem Stamm, d.h. den Vertreter des Hochadels, und ... den Monarchen" (RAU, 1957, S. 68). Zum *rājan*, dem Mann des Hochadels, gibt RAU noch folgende Zusammenfassung, die für das Verhältnis zwischen Regent und Hochadel bedeutend ist: „Die *rājan* gehörten also durch ihre Geburt und ohne notwendig einen Thron innezuhaben ... zum Hochadel, der allein zur Herrscherwürde taugte ... hatten einen Regenten über sich ... den sie selbst einsetzten ... und kämpften häufig miteinander um diesen Vorrang ... " (RAU, 1957,S. 70).

Der Herrscher wird u.a. mit *jyeṣṭha*, *śreṣṭha* und *vasiṣṭha* bezeichnet. *śreṣṭha* steht häufig im Zusammenhang mit *sva* (Eigener, Angehöriger) und *samāna* (Gleicher, Freund)[26]. Auch diese stehende Wendung findet sich im Wettstreit der Lebenskräfte (ChU 5.1.1 ≠ BĀU 6.1.1 ≠ ŚĀ 9.2). RAU vermutet, daß hiermit Männer aus dem Hochadel gemeint sind (RAU, 1957, S. 89). So salbt im weißen Yajurveda ein *sva* seinen König beim *rājasūya* (Inthronisation/ Königsweihe; ŚB 5.4.1.17-5.4.2.2) und im schwarzen Yajurveda wird der König, neben anderen, auch von einem Adligen (*rājanya*) gesalbt (RAU 1957, S. 89).

Der König hat die Pflicht, im weitesten Sinne für die soziale Ordnung zu sorgen (Durchführung von Opfern zur Erhaltung der kosmischen Ordnung, Rechtsprechung, Verteidigung des Landes und Erweiterung des Siedlungsgebietes durch kriegerische Aktionen). Dafür konnte er im Gegenzug von der Bevölkerung Ehrerbietung, Gehorsam und Abgaben (*bali*: vermutlich eine Form der Steuer entrichtet in Naturalien, die eng mit dem *attṛ* : *ādya* Verhältnis verbunden ist). Das Verhältnis *bhartṛ* : *bhārya*, in dem die Pflicht des Herrscher zur Fürsorge für seine Anbefohlenen seinen Ausdruck findet, wird im *kula* (Speisegemeinschaft) verwirklicht. Zum *kula* gehörten neben den Blutsverwandten alle

[26] „Dieser *śreṣṭha* erscheint weiter in den sehr häufig belegten, stehenden Wendungen *śreṣṭhaḥ svānām* oder *śreṣṭhaḥ samānānām*, ein Umstand, der es nahelegt, hinter den ‚Angehörigen' Männer aus dem Hochadel zu vermuten. Die Annahme wird durch andere Stellen zur Gewißheit erhoben; ... " (RAU, 1957, S. 71)

am Hofe Arbeitenden und die Gäste. „ Das *kula* nannte sich nach seinem bekanntesten Angehörigen d.h. normalerweise dem Hausherrn, gelegentlich nach einem seiner Söhne; “ (RAU, 1957, S. 37). Begriffe, die für den Hausherrn (*pater familias*) verwendet wurden, sind neben *gṛhapati* auch *veśmapati* und *jyeṣṭha* (s. RAU , 1957, S. 38,). *kula* ist im Wettstreit der Lebenskräfte BĀU 1.5.21 ein entscheidender Begriff.

Zur Durchführung der Opfer bediente sich der Herrscher eines Brahmanen (Priesters). Etwas über diese Gruppe auszusagen, fällt schwer, weil alle überlieferten Texte ihre Redaktion durchlaufen mußten. Einige Bemerkungen lassen jedoch Rückschlüsse auf die reale Stellung der Brahmanen zu. So war der Brahmane dem König untertan und schuldete ihm Ehrerbietung. Privilegien hatten die Brahmanen bei der Besteuerung, dem Landbesitz und vor Gericht. So rechneten sie sich auch nicht zur übrigen Bevölkerung (*janatā*) gehörig und hatten als ihren König Soma, den vergöttlichten Rauschtrank der Götter (RAU, 1957, S. 65). HEESTERMAN kommt zu dem Schluß, daß mit dem König Soma der reale König identifiziert wird. „In the last resort it is the sacrificer whose death and rebirth are ritually enacted and form the pivot of the cosmic process as represented in the ritual. In this way the Soma sacrificer — and a fortiori the royal sacrificer — becomes identical with king Soma.“ [27]

Eine besondere Stellung gegenüber dem Herrscher hatte der *purohita* (Hauspriester). Der *purohita* „... verkörperte die geistliche Macht (*sacerdotium*) und stand gleichberechtigt neben — ja manchmal über — dem König, dem höchsten Exponenten des *kṣatra* (regnum)“ (RAU, 1957, S. 117). Durch Opfer konnte er die Naturkräfte beeinflussen, also den Wohlstand erhalten und so die innere Ordnung sichern und die äußere erhalten. Ein König konnte seine Pflichten also nicht ohne die Hilfe eines *purohita* (Hauspriester) erfüllen. „Er verstand es, seinen Fürsten zu höchstem Ansehn zu erheben oder in den völligen Ruin zu stürzen“ (RAU, 1957, S. 117). Weil er neben Wohlstand auch Unglück über den König bringen konnte, war es geraten, seine Stellung und Rechte anzuerkennen. Dies geschah am besten durch ausreichende Entlohnung. Dahingehende Ansprüche werden in AiB 8.24.6 angeführt, wonach der *purohita* ein Feuer mit fünf Flammen ist, die der König durch entsprechende Maßnahmen wie u.a. Ehrerbietung, Gastfreundschaft und dergleichen mehr löschen oder besänftigen kann.

Es wird im Folgenden zu zeigen sein, daß die Texte zur Wind-Atem-Lehre Hinweise auf die reale gesellschaftliche Situation enthalten.

[27] HEESTERMAN, 1957, S. 77.

3. Die älteste Stufe der Wind-Atem-Lehre innerhalb der Upaniṣaden in JUB 3.1–2 und ChU 4.1–3

Zuerst sollen JUB 3.1-2 und ChU 4.1-3 behandelt werden. Neben der ältesten Stufe der Wind-Atem-Lehre in den Strophen am Schluß beider Texte können noch zwei weitere Entwicklungsstufen der Wind-Atem-Lehre erkannt werden.

Zur Geschichte der Jaiminīya-Studien sei verwiesen auf Frenz (1973, S. IX-XX) und Bodewitz (1973, S. 2ff; 1990, S. 1). Der Text des JUB, hier zitiert nach Limaye/Vadekar (1958), basiert auf Oertels Veröffentlichungen (JAOS 15 (1892); JAOS 16 (1893)). OERTEL lagen drei von Burnell an Whitney übersandte Manuskripte vor [1].

Die Strophen JUB 3.2.2; 4 sowie ChU 4.1-3 hat Lüders behandelt [2]. Auf seine Arbeit wird bei der Übersetzung und der Behandlung der Strophen stets zurückgegriffen. Seine Forschungsergebnisse wurden durch die Untersuchung von Hauschildt (1968) ergänzt, die ebenfalls mit zu Rate gezogen wird.

Da die Strophen nach Lüders die älteste Stufe der Wind-Atem-Lehre beinhalten, sollen sie direkt im Anschluß an die Übersetzung im Vergleich behandelt werden. Danach wird die Prosa beider Texte hinsichtlich der Wind-Atem-Lehre untersucht.

---

1 „A., according to Burnell's note on the cover, copied 'from a Malabar MS.' in 1878; at the end he has added: „Date of original, Kullam 1040 = 1864 A.D. From a MS. at Palghat";
B., from 'a MS. on talipot leaves, written about 300 years ago, and got from Tinnevelly, but which was originaly brought from near Aleppee;' of this only the various readings are given, interlined in red ink on A.;
C., a transliterated text in Burnell's own hand, breaking off after the beginning of i.59, apparently because the copying was caried no further. The text of A. and the variants from B. are in the Grantha character, on European paper. They were copied in transliteration by Professor John Avery, and the copy was compared with its originals by Professor Whitney, who also added the readings C.; from this copy was prepared the text given below [=JUB, Anm. d. Verf.]. The originals are now in the Library of the India Office, London." OERTEL, JAOS 16, 1893, S. 79.

2 Die Prosa von JUB 3.1-2 hielt er nicht für erklärungsbedürftig (LÜDERS, 1940, S. 379).

A. Text und Übersetzung von JUB 3.1–2

1. Text

ekā ha vāva kṛtsnā devatā 'rdhadevatā evânyāḥ/ ayam eva yo 'yaṃ pavate//3.1.1[3]*//*
eṣa eva sarveṣāṃ devānāṃ grahāḥ//3.1.2// sa haiṣo 'staṃ nāma/ astam iti[4]*hêha paścād grahān ācakṣate//3.1.3//*
sa yad ādityo 'stam agād iti grahān agād iti hâitat/ tena so 'sarvaḥ/ sa etam evâpyeti//3.1.4//
astaṃ candramā eti/ tena so 'sarvaḥ/ sa etam evâpyeti//3.1.5//
astaṃ nakṣatrāṇi yanti/ tena tāny asarvāṇi/ tāny etam evâpiyanti//3.1.6//
anv agnir gacchati/ tena so 'sarvaḥ/ sa etam evâpyeti//3.1.7//
ety ahaḥ/ eti rātriḥ/ tena te asarve/ te etam evâpītaḥ//3.1.8//
muhyanti diśo na vai tā rātriṃ prajñāyante/ tena tā asarvāḥ/ tā etam evâpiyanti//3.1.9//
varṣati ca parjanya uc ca gṛhṇāti[5]*/tena so 'sarvaḥ/ sa etam evâpyeti.//3.1.10//*
kṣīyanta āpa evam oṣadhaya evaṃ vanaspatayaḥ/ tena tāny asarvāṇi/ tāny etam evâpiyanti.//3.1.11//
tad yad etat sarvaṃ vāyum evâpyeti tasmād vāyur eva sāma//3.1.12//
sa ha vai sāmavit sa (kṛtsnaṃ)[6]*sāma veda ya evaṃ veda//3.1.13//*
athâdhyātmaṃ/

na vai svapan vācā vadati/ sêyam eva prāṇam apyeti//3.1.14//
na manasā dhyāyati/ tad idam eva prāṇam apyeti//3.1.15//
na cakṣuṣā paśyati/ tad idam eva prāṇam apyeti//3.1.16//
na śrotreṇa śṛṇoti/ tad idam eva prāṇam apyeti//3.1.17//
tad yad etat sarvaṃ prāṇam evâbhisameti tasmāt prāṇa eva sāma//3.1.18// sa ha vai sāmavit sa kṛtsnaṃ sāma veda ya evaṃ veda//3.1.19//
tad yad idam āhuḥ — na batâdya vātîti (sa) hâitat puruṣe 'ntar niramate sa pūrṇaḥ svedamāna āste//3.1.20//
tad dha śaunakaṃ ca kāpeyam abhipratāriṇaṃ ca (kākṣasenim) brāhmaṇaḥ pariveviṣyamāṇā upâvavrāja//3.1.21//

[3] *Zugrunde liegt der Text von Limaye/Vadekar (1958). Berücksichtigt wird die Ausgabe von Oertel (1892). Vgl. auch* FRAUWALLNER, *1992, S. 40-43.*
[4] Hier weiche ich von der Textgestaltung *astam iha hêha* bei LIMAYE und VADEKAR ab und folge OERTEL (1892, S. 249).
[5] Hierzu s. S. 22.
[6] *kṛtsna* wurde hier analog zu JUB 3.1.19 eingefügt.

tau ha bibhikṣe/ taṃ ha nâdadrāte ko vā ko vêti manyamānau//3.2.1//
tau[7] *hôpajagau*

mahātmanaś caturo deva ekaḥ
kaḥ sa jagāra bhuvanasya gopāḥ/
taṃ kāpeya na vijānanty eke
'bhipratārin bahudhā niviṣṭam //3.2.2// iti//

sa hôvācâbhipratārîmaṃ vāva prapadya pratibrūhîti tvayā vā ayaṃ pratyucya iti//3.2.3
taṃ ha pratyuvāca//3.2.3//
ātmā devānām uta martyānāṃ
hiraṇyadanto rabhaso[8] *na sūnuḥ/*
mahāntam asya mahimānam āhur
anadyamāno yad adantam atti //3.2.4// iti//

2. Übersetzung

Eine einzige Gottheit fürwahr ist vollständig. Halbe Gottheiten nur sind die anderen. Nur der hier, welcher hier weht [i.S. von 'reinigend wehen'] 3.1.1, der allein ist Ergreifer/Behältnis[9] aller Götter. 3.1.2 Eben der ist *asta* ('Heimstatt') mit Namen[10]. „*asta*", so nennen sie hier infolgedessen[11] die Ergreifer/die Behältnisse 3.1.3
Wenn man sagt: „Die Sonne ist [in ihren nächtlichen Aufenthaltsort, *asta*] heimgegangen.", [meint man] das so: „Sie ist zu den Ergreifern/in die Behältnisse gegangen." Dadurch ist sie nicht ganz. Sie geht in ihn, eben denselben ein. 3.1.4
Der Mond geht heim. Dadurch ist er nicht ganz. Er geht in ihn, eben denselben ein. 3.1.5
Die Sterne gehen heim. Dadurch sind sie nicht ganz. Sie gehen in ihn, eben denselben ein. 3.1.6
Das Feuer geht aus. Dadurch ist es nicht ganz. Es geht in ihn, eben denselben ein.3.1.7
Es geht der Tag, es geht die Nacht. Dadurch sind die beiden nicht ganz. Sie gehen in ihn, eben denselben ein. 3.1.8

[7] Auch hier bevorzuge ich den Text von OERTEL, 1892, S. 249 und weiche von LIMAYE und VADEKAR (*tā*) ab. *tau* bezieht sich hier als Dual richtig auf die beiden Angesprochenen—Kāpeya und Abhipratārin.

[8] LIMAYE/VADEKAR haben hier *rapaso*, doch nach LÜDERS, 1940, S. 379, Fußnote 1, konjizierte bereits OERTEL, 1892 (JAOS 15), S. 250, zu Recht *rabhaso*.

[9] Zu *graha* s. S. 21f., *graha-*, hier Pl (Attraktion, vgl. DELBRÜCK, 1888, §54); es liegt also die Vorstellung zugrunde, daß jeder *deva* seinen *graha* hat.

[10] S. S. 21f.

[11] S. S. 22.

Undeutlich werden die Himmelsrichtungen, gar nicht sind sie nachts zu erkennen. Dadurch sind sie nicht ganz. Sie gehen in ihn, eben denselben ein. 3.1.9
parjanya regnet und zieht (den Regen auch) zurück[12]. Dadurch ist er nicht ganz. Er geht in ihn, eben denselben ein. 3.1.10
Die Wasser schwinden, so die Kräuter, so die Bäume. Dadurch sind diese nicht ganz. Sie gehen zu ihm ein. 3.1.11
Da so all dieses in *vāyu* zusammenkommt, darum ist *vāyu sāman.* 3.1.12

Der fürwahr ist Sāmanwissender, der weiß das vollständige *sāman*, wer solches weiß. 3.1.13
Nun in bezug auf das Selbst.

Gar nicht redet der Schlafende mit der Rede. Eben diese selbst geht in *prāṇa* ein.3.1.14
Nicht denkt er mit dem *manas.* Dieses genau geht in *prāṇa* ein. 3.1.15
Nicht sieht er mit dem Sehvermögen. Dieses genau geht in *prāṇa* ein. 3.1.16
Nicht hört er mit dem Hörvermögen. Dieses genau geht in *prāṇa* ein. 3.1.17
Da so all dieses in *prāṇa* zusammenkommt, darum ist *prāṇa sāman.* 3.1.18
Der fürwahr ist Sāmanwissender, der weiß das vollständige *sāman*, wer solches weiß. 3.1.19
Wenn sie also folgendes sagen: „Nicht, o weh, weht er jetzt!", [dann] ruht er innen im Menschen (*puruṣa*). Er [=der Mensch] sitzt [da] angefüllt, schwitzend 3.1.20
Einstmals kam zu Śaunaka Kāpeya und Abhipratārin Kākṣaseni ein Brahmane, während sie sich auftischen ließen. 3.1.21
Er wandte sich bittend an die Beiden. Die Beiden eilten ihm nicht entgegen, weil sie dachten: „Wer ist das denn wohl?" Er wandte sich an sie. 3.2.1

„ ‚Vier Großmächtige verschlingt ein einziger Gott,
der Hüter der Welt — wer ist das?
Den kennen einige nicht, Kāpeya,
obwohl er vielfach sich niedergelassen hat,
Abhipratārin.' " (LÜDERS, 1940, S. 379) 3.2.2

Da sagte Abhipratārin: „Vor diesen tritt hin und antworte!" „Du bist ja der, der diesem antworten muß!" 3.2.3 [Entgegnung v. Śaunaka Kāpeya]

[12] S. S.20.

Diesem erwiderte er: [Beantwortung der Frage durch Abhipratārin[13]]
„ ‚Der Odem der Götter und Menschen,
goldzahnig wie der Sohn der Gewalt —
groß sagen sie ist seine Größe,
weil er, ohne gegessen zu werden,
den Essenden ißt.' " (LÜDERS, 1940, S. 379) 3.2.4

B. Bemerkungen zum Text und zur Übersetzung

graha und *asta* haben für den Text eine Schlüsselfunktion. Für *graha* gibt das pw als Bedeutung an: „α) Bez. Rāhu's, der Sonne und Mond in den Eklipsen ergreift. –", „ζ) Schöpfgefäss", „η) Bez. der acht Organe: Hauch (Nase), Stimme, Zunge, Auge, Ohr, Manas, Hände und Haut", „ϑ) Haus". Im Kontext von JUB 3.1.1 und 2 ist *graha* also *vāyu* (= *asta*, 'Heimstatt'), der Ergreifer der *devatāḥ*, die alle in ihn eingehen.

asta („Heimat, Ort der Heimkehr, Heimstatt") bedeutet in Verbindung mit den Verben *gam, i, yā* — besonders häufig verwendet von der Sonne — „untergehen", und „ ... nach einer späteren Anschauung, die sich wohl aus der adverb. Verbindung *astaṃ gam* u. s. w. 'untergehen' herausgebildet hat, ist asta m. ein bes. Berg im Westen, hinter dem Sonne und Mond beim Untergang verschwinden, ... " (PW). „Aus der Tatsache, daß die Sonne immer wieder im Osten auf- und im Westen untergeht, ergab sich zwangsläufig die Frage, wie sie während der Nacht von Westen nach Osten zurückgelangt"(K. KLAUS, 1986, S. 136). Als nächtlicher Aufenthaltsort auf der Erde wurde das Feuer angenommen, in das die Sonne abends eingeht und aus dem sie morgens wieder aufsteigt (Ebd., S. 136). Nach einer anderen Anschauung geht die Sonne in verschiedene Dinge ein; nach JB 1,7 geht sie „ ... in den Brahmanen ein mit Frömmigkeit, in die Tiere mit Milch, in das Feuer mit Glanz, in die Pflanzen mit Nährkraft, in die Wasser mit Saft, in die Bäume mit Mark[14]" (Ebd., S. 137). Ein weiterer Aufenthaltsort für die Sonne ist der Wind (s. K. KLAUS, S. 137: ŚB 10,3,3,8; JB 2,49 [176,5f]; JUB 3,1,4 (!); ChU 3.1) *asta* bezeichnet *vāyu*, der alle Gottheiten ergreift.

[13] Nach LÜDERS kann das Subjekt des Satzes *taṃ ha pratyuvāca* nur der Kṣatriya Abhipratārin Kākṣaseni sein. Er, „der seinem Namen und der Tradition nach ein Kṣatriya ist, widerlegt hier also den Brahmanen." (LÜDERS, 1940, S. 386).

[14] *sa vā eṣo 'staṃ yan brāhmaṇam eva śraddhaya praviśati payasā paśūms tejasâgnim ūrjauṣadhī rase āpas svadhayā vanaspatīn//*. Zu Jb 1.7 vergleiche BODEWITZ, 1973, S. 35-37, zu *śraddhā* s. unten S.43.

Zu klären ist noch der Ausdruck *paścāt* in dem Satz *astam iti hêha paścād grahān ācakṣate*//JUB 3.1.3//, den LÜDERS mit: „‚Untergang' nennt man hier die Ergreifer im Westen.“(LÜDERS, 1940, S. 378) übersetzt; ähnlich auch OERTEL mit „ ‚Setting' they call here the seizers in the west.“ (OERTEL, 1892, S. 249). Die Übersetzung von *paścād* als im Westen mag dadurch angeregt sein, daß Sonne und Mond im Westen untergehen bzw. heimgehen. Wahrscheinlich aber ist, daß Bezug genommen wird auf die Gleichsetzung von *vāyu* = *graha* = *asta*.

Daher wohl besser (wie oben vorgeschlagen): Infolge dieser Tatsache nennen sie *graha asta*.

Erklärungsbedürftig ist auch *varṣati ca parjanya uc ca gṛhṇāti* (JUB 3.1.10). Diese Stelle übersetzt Oertel mit „Parjanya rains and holds up.“ (OERTEL, JAOS 16, S. 159), was Gonda unverständlich findet und durch „the god of rain, because he loses and draws water“ ersetzt (GONDA, 1975a, Selected studies II, S. 497). *ud-grah'* „aufheben, heraufnehmen“, bedeutet nach dem PW in Verbindung mit dem Regen „aufhören, namentlich aufhören zu regnen“. Die sich dahinter verbergende Vorstellung ist doch wohl: Der Regengott Parjanya zieht den Regen hoch und wird von *vāyu* wie die anderen *devatā* umfaßt[15].

manas wird gewöhnlich mit „Vorstellungs- und Denkvermögen“ oder „Denksinn“ wiedergegeben[16]. *manas* ist das Zentrum, in dem alle Eindrücke aus der Außenwelt, gewonnen durch die Sinnesorgane, und aus der Innenwelt, wie Gefühle, Vorstellungen, zusammenfließen[17]. Es führt zum zielgerichteten Handeln. Da diese zahlreichen Aspekte in einer deutschen Übersetzung nicht adäquat wiedergegeben werden können, soll *manas* als Terminus beibehalten werden.

C. Text und Übersetzung von ChU 4.1–3

1. Text

jānaśrutir ha pautrāyaṇaḥ śraddhādeyo bahudāyī bahupākya āsa/ sa ha sarvata āvasathān māpayāṃ cakre sarvata eva me 'nnam atsyantîti//4.1.1//

[15] Die Vorstellung vom Regengott Parjanya verblaßt in den Brāhmaṇas und tritt nur noch in immer wiederkehrenden Wendungen auf (KLAUS, 1986, S. 97f.).

[16] Zu *manas* s. DANDEKAR, 1938, S. 55-59, HACKER, 1985, 71, 73, 80ff., OLDENBERG, 1919, S. 69, 71ff., SCHNEIDER, 1989, S. 27.

[17] Vgl. BĀU 1.5.3, KauU 3.7.

atha ha haṃsā niśāyām atipetuḥ/ tad dhâivaṃ haṃso haṃsam abhyuvāda ho ho 'yi bhallākṣa bhallākṣa jānaśruteḥ pautrāyaṇasya samaṃ divā jyotir ātatam tan mā praṣāṅkṣīs tat tvāṃ mā pradhākṣīr iti//4.1.2//
tam u ha paraḥ pratyuvāca kam v ara enam etat santaṃ sayugvānam iva raikvam ātthêti/ yo nu kathaṃ sayugvā raikva iti //4.1.3//
yathā kṛtāya vijitāyâdhareyāḥ saṃyanty evam enaṃ sarvaṃ tad abhisameti yat kiṃ ca prajāḥ sādhu kurvanti/ yas tad veda yat sa veda sa mayâitad ukta iti//4.1.4//
tad u ha jānaśrutiḥ pautrāyaṇa upaśuśrāva/ sa ha saṃjihāna eva kṣattāram uvācâṅgāre ha sayugvānam iva raikvam ātthêti/ yo nu kathaṃ sayugvā raikva iti//4.1.5//
yathā kṛtāya vijitāyâdhareyāḥ saṃyanty evam enaṃ sarvaṃ tad abhisamêti yat kiṃ ca prajāḥ sādhu kurvanti/ yas tad veda yat sa veda sa mayâitad ukta iti//4.1.6//
sa ha kṣattā 'nviṣya nâvidam iti pratyeyāya/ taṃ hôvāca yatrâre brāhmaṇasyânveṣaṇā tad enam arccheti//4.1.7//
so 'dhastāc chakaṭasya pāmānaṃ kaṣamāṇam upopaviveśa/ taṃ hâbhyuvāda tvaṃ nu bhagavaḥ sayugvā raikva iti/ ahaṃ hy arā 3 iti ha pratijajñe/ sa ha kṣattā 'vidam iti pratyeyāya//4.1.8//

tad u ha jānaśrutiḥ pautrāyaṇaḥ ṣaṭ śatāni gavāṃ niṣkam aśvatarīrathaṃ tad ādāya praticakrame/ taṃ hâbhyuvāda//4.2.1//
raikvêmāni ṣaṭ śatāni gavām ayaṃ niṣko 'yam aśvatarīrathaḥ/ anu ma etāṃ bhagavo devatāṃ śādhi yāṃ devatām upāssa iti //4.2.2//
tam u ha paraḥ pratyuvācâha hâre tvā śūdra tavâiva saha gobhir astv iti/ tad u ha punar eva jānaśrutiḥ pautrāyaṇaḥ sahasraṃ gavāṃ niṣkam aśvatarīrathaṃ duhitaraṃ tad ādāya praticakrame//4.2.3//
taṃ hâbhyuvāda/ raikvêdam sahasraṃ gavām ayaṃ niṣko 'yam aśvatarīratha iyaṃ jāyā 'yaṃ grāmo yasminn āsse anv eva mā bhagavaḥ śādhîti//4.2.4//
tasyā ha mukham upodgṛhṇann uvācā ājahārêmāḥ[18] *śūdrânenâiva mukhenâlāpayiṣyathā iti/ te hâite raikvaparṇā nāma mahāvṛṣeṣu yatrāsmā uvāsa/ tasmai hôvāca//4.2.5//*
vāyur vāva saṃvargaḥ/ yadā vā agnir udvāyati vāyum evâpyeti/ yadā sūryo 'stam eti vāyum evâpyeti/ yadā candro [s]*stam eti vāyum evâpyeti//4.3.1//*
yadā āpa ucchuṣyanti vāyum evâpiyanti/ vāyur hy evâitān sarvān saṃvṛṅkte/ ity adhidaivatam//4.3.2//

---

[18] Nach LÜDERS (1940, S. 374) besteht kein Zweifel daran, daß statt *ājahārêmāḥ* dieselben Worte wie in 4.2.3 *âhahâre* standen.

athâdhyātmaṃ/ prāṇo vāva saṃvargaḥ/ sa yadā svapiti prāṇam eva vāg apyeti/ prāṇaṃ cakṣuḥ/ prāṇaṃ śrotraṃ/ prāṇaṃ manaḥ/ prāṇo hy evaitān sarvān saṃvṛṅkta iti//4.3.3//
tau vā etau dvau saṃvargau/ vāyur eva deveṣu prāṇaḥ prāṇeṣu//4.3.4//
atha ha śaunakaṃ ca kāpeyam abhipratāriṇaṃ ca kākṣaseniṃ pariviṣyamāṇau brahmacārī bibhikṣe/ tasmā u ha na dadatuḥ//4.3.5//
sa hôvāca

mahātmanaś caturo deva ekaḥ
kaḥ sa jagāra bhuvanasya gopāḥ/
taṃ kāpeya nâbhipaśyanti martyā
abhipratārin bahudhā vasantam//

yasmai vā etad annaṃ tasmā etan na dattam iti//4.3.6//
tad u ha śaunakaḥ kāpeyaḥ pratimanvānaḥ pratyeyāya

ātmā devānāṃ janitā prajānāṃ
hiraṇyadaṃṣṭro babhaso 'nasūriḥ/
mahāntam asya mahimānam āhur
anadyamāno yad anannam atti/
iti vai vayaṃ brahmacārin nêdam upāsmahe dattâsmai bkikṣām iti//4.3.7//

tasmā u ha daduḥ/
te vā ete pañcānye pañcānye daśa santas tat kṛtaṃ/ tasmāt sarvāsu dikṣv annam eva daśa kṛtaṃ/ sâiṣā virāḍ annādī/ tayêdaṃ sarvaṃ dṛṣṭaṃ[19]*/sarvam asyêdaṃ dṛṣṭaṃ bhavaty annādo bhavati ya evaṃ veda ya evaṃ veda//4.3.8//*

2. Übersetzung

Jānaśruti Pautrāyaṇa war einer, der „mit Gebefreudigkeit spendete"(KÖHLER, 1948, S. 62), viel gab, viel kochen ließ. Er ließ überall Speisehallen bauen [indem er dachte]: „Überall werden sie meine Speise essen!" 4.1.1
Da nun flogen Gänse in der Nacht vorüber. Da sprach die eine Gans zu der [anderen] Gans so: „Heda, aufgepaßt Bärenäugige,[20] Bärenäugige! Gleich dem Himmelslicht am Tag ist [das Licht] des Jānaśruti Pautrāyaṇa ausgebreitet! Komm ihm nicht zu nahe, damit es dich nicht verbrennt!" 4.1.2

[19] LÜDERS, 1940, S. 377 konjizierte hier für *dṛṣṭam daṣṭam*. Doch vgl. unten S. 35.
[20] S. S. 25.

Dieser antwortete die andere [Gans]: „He, über wen sprichst du wie über den Vereiniger Raikva?“ [21] [Darauf die andere]: „ Was nun [den ebengenannten betrifft], inwiefern ist er der Vereiniger Raikva?“ 4.1.3
„Wie dem *kṛta*, nachdem er mit ihm gesiegt hat, die niedrigeren [Zahlen] der Würfel zukommen, kommt [ihm] alles das zu, was auch immer die Geschöpfe Gutes tun. Wer das weiß, was der weiß, ist durch mich so genannt worden.“ 4.1.4
Das aber hörte Jānaśruti Pautrāyaṇa. Noch während er hochschreckte, sprach er zum Truchseß: „He, du sprichst wie über den Vereiniger Raikva.“ [Der Truchseß]: „Was nun [den eben genannten betrifft], inwiefern ist er der Vereiniger Raikva?“ 4.1.5
„Wie dem kṛta, nachdem er mit ihm gesiegt hat, die niedrigeren [Zahlen] der Würfel zukommen, kommt [ihm] alles das zu, was auch immer die Geschöpfe Gutes tun. Wer das weiß, was der weiß, ist durch mich so genannt worden.“ 4.1.6
Der Truchseß ging suchen, kam zurück [und sprach]: „Nicht fand ich ihn.“ Da sagte er zu ihm: „He, wo man nach einem Brahmanen nachsucht, da suche ihn!“ 4.1.7
Dieser setzte sich unter den Wagen neben den sich den Hautausschlag Kratzenden. Er redete ihn an: „Bist du wohl, Ehrwürdiger, der Vereiniger Raikva?“ „Ich bin es, du Kerl da!“, bejahte er. Der Truchseß kam zurück und sprach: „Ich fand [ihn]“. 4.1.8
Daraufhin nahm Jānaśruti Pautrāyaṇa sechshundert Kühe, einen goldenen Halsschmuck, einen mit Maultierstuten bespannten Wagen [und] ging zurück [zu Raikva]. Er redete ihn an: 4.2.1
„O Raikva, hier sind sechshundert Kühe, ein goldener Halsschmuck, hier ein mit Maultierstuten bespannter Wagen. Lehre mich [22], Erhabener, die Gottheit [23], die du als Gottheit verehrst.“ 4.2.2
Darauf erwiderte ihm der andere „Ha, ha, he du [24] *śūdra*. Dein allein soll es bleiben mitsamt den Kühen!“
Da nun nahm Jānaśruti Pautrāyaṇa wiederum tausend Kühe, einen goldenen Halsschmuck, einen mit Maultierstuten bespannten Wagen, die Tochter [und] ging zurück. 4.2.3
Er redete ihn an: „O Raikva, hier sind tausend Kühe, ein goldener Halsschmuck, hier ein mit Maultierstuten bespannter Wagen, hier die Ehefrau, hier das Dorf, in dem du sitzt. Belehre mich Ehrwürdiger!“ 4.2.4

---

[21] S. S. 26.
[22] S. S. 25.
[23] Ebd.
[24] Ebd.

Während er deren Gesicht emporhob, sprach er:„ Ha, ha über diese [die Kühe...], du *śūdra*, allein mit diesem Gesicht (sc. dem der Tochter) hättest du mich zum Reden gebracht![25]“ 4.2.5

Raikvaparṇa mit Namen war der Ort, bei den Mahāvṛṣa, wo er ihm wohnte [=sein Schüler war][26]. Diesem fürwahr sagte er:

„Der Wind fürwahr ist ein Vereiniger[27].

Wenn nun das Feuer erlischt, geht es in den Wind ein.

Wenn die Sonne heimgeht, geht sie in den Wind ein.

Wenn der Mond heimgeht, geht er in den Wind ein. 4.3.1

Wenn die Wasser vertrocknen, gehen sie in den Wind ein, denn nur der Wind rafft alle diese an sich. Soweit in bezug auf die Gottheit.“4.3.2

Nun in bezug auf das Selbst. „Der *prāṇa* fürwahr ist der Vereiniger. Wenn dieses [das Selbst] schläft, ist es der *prāṇa*, in den die Rede eingeht, in den *prāṇa* das Sehvermögen, in den *prāṇa* das Hörvermögen, in den *prāṇa* das *manas*, denn der *prāṇa* rafft alle diese an sich.“ 4.3.3

Diese beiden fürwahr sind die zwei Vereiniger: *vāyu* unter den Göttern, *prāṇa* unter den *prāṇa* (Pl.; Lebenskräfte). 4.3.4

Nun wandte sich ein Brahmanenschüler bittend an Śaunaka Kāpeya und Abhipratārin Kākṣaseni, während sie sich auftischen ließen. Sie gaben ihm nichts. 4.3.5

Da sagte er: „ ‚Vier Großmächtige verschlingt ein einziger Gott, der Hüter der Welt — wer ist das? Ihn schauen die Sterblichen nicht, Kāpeya, obwohl er vielfach wohnt, Abhipratārin. Wem diese Speise zukommt, dem ist sie nicht gegeben worden.‘ “ (4.3.6) (LÜDERS, 1940, S. 362)[28].

Das widerlegend trat Śaunaka Kāpeya heran: „ ‚Die Seele der Götter, der Erzeuger der Geschöpfe, der goldzahnige Kauer, der Herr des Atems — groß, sagen sie, ist seine Größe, weil er, ohne gegessen zu werden, ißt, was nicht Speise ist. Daher verehren wir, o Brahmanenschüler, nicht dieses Irdische. Gebt ihm [die Speise], um die er bettelt.‘ 4.3.7 Und sie gaben ihm.“(LÜDERS, 1940, S. 362).

Diese beiden, jeweils fünf, die zehn sind, sind das *kṛta*. Daher sind in allen Himmelsrichtungen die Zehn die Speise, das *kṛta*. Das ist die speisehabende *virāj*. Durch sie wird alles dies hier gesehen. Durch den wird alles dies hier gesehen, der wird Speise-Esser, wer solches weiß, wer solches weiß. 4.3.8

---

[25] Ebd.

[26] Ebd.

[27] Ebd.

[28] Mit anderen Worten: Die Speise steht den Essenden nicht zu.

D. Bemerkungen zum Text und zur Übersetzung

Der Ausdruck *bhallâkṣa* ist schwierig (s. LÜDERS, 1940, S. 366, MAYRHOFER, 1963, Bd. II, S. 484). Lüders weist die Gleichsetzung von *bhalla* = *bhadra* zurück, da es zweifelhaft ist, ob *bhalla* als *bhadra* im Sanskrit existiert hat (s. auch Zachariae[29]). Er geht aus von der gut bezeugten Bedeutung *bhalla* = Bär und übersetzt mit 'Bärenauge' [ebd., S. 361]. Mayerhofer hingegen plädiert für *bhadrākṣa* als schönäugig, „... auch wenn es kein selbständiges ai. bhalla-, 'schön' gegeben hat, so kann doch ein *bhadra-akṣa* (*b̃hadra-mukha-* u.dgl.) in diesem besonderen Up.-Beleg halbvulgäre Lautung angenommen haben" (MAYRHOFER, 1963, Bd. II, S. 484). Da es aber nur diesen einen Up.-Beleg gibt, halte ich es für richtiger, die Bedeutung 'bärenäugig' anzusetzen.

Zu beachten ist das *ma* in: *anu ma etāṃ bhagavo devatāṃ śādhi yāṃ devatām upāssa iti* //4.2.2 // „Das mit Recht erst an zweiter Stelle stehende *ma=me* ist freilich Akkusativ (wie in nicht streng klassischer Sprache möglich!), ... ". (HAUSCHILDT, 1968, S. 355f.).

Nach Hauschildt (1968, S. 356) ist unter ,Gottheit' (*devatā*, Def.) „... in dieser altertümlichen, noch mit den Begriffen ringenden Sprache soviel wie ,Naturkraft' zu verstehen." Dieser Bedeutungsansatz ergibt für die Wind-Atem-Lehre einen guten Sinn.

Daß *ahahāretvā* in ChU 4.2.3 aufzulösen ist in *ahaha are tvā*, hat schon BÖHTLINGK erkannt, und die Stelle wurde von LÜDERS entsprechend behandelt (LÜDERS, 1940, S. 373; vgl. auch HAUSCHILDT, 1968, S. 356). Die Interjektion *ahaha* drückt Lob und Tadel, Schmerz und Erstaunen aus. Sie steht gewöhnlich mit dem Nominativ, kann aber auch, wie hier, mit dem Akkusativ stehen (HAUSCHILDT, 1968, S. 355f).

mukhenâlāpayiṣyathā iti in ChU 4.2.5 ist eine schwierige Stelle. LÜDERS leitet *ālāpayiṣyathāḥ* nach Pāṇini 1.3.70 ab von der $\sqrt{lī}$ im Kausativ und übersetzt *ālāpayate* mit "auf betrügerische Weise durch etwas Ehre erlangen" (LÜDERS, 1940, S. 374). HAUSCHILDT weist diese Auffassung zurück. Er möchte " ... diese Form als einen reinen sogenannten Conditionalis Medii (nicht Activi!) erklären — eine der ganz seltenen medialen Conditionalformen — und, soweit ich sehe, den bisher einzigen Beleg für die 2. Sg. überhaupt. Den hier vorliegenden Sandhi löse ich auf in *mukhena ălāpayiṣyathāḥ* und sehe darin einen Irrealis oder Potentialis, zwischen denen im Altindischen formell kein Unterschied besteht, ebensowenig wie zwischen einem solchen der Gegenwart oder der

29 Beiträge zur indischen Lexicographie, 1883, S. 79.

Vergangenheit: ... " (HAUSCHILDT, 1968, S. 359). Daher wurde obige Übersetzung gewählt.

yatrâsmā uvāsa lautet der Sanskrittext in 4.3.1. „Mit dem bloßen *vas-* ist sicherlich so viel wie *brahmacaryam vas-* gemeint (wofür man auch sagen kann: *b. car-, ā-gam-, upa-i-, grah-*) = das heilige Studium durchführen,' ... " (HAUSCHILDT, 1968, S. 361). Das Einzigartige dieser Stelle besteht jedoch darin, „daß hier der Dativ (eine Art Dativus ethicus) statt des Lokativs gebraucht wird und *brahmacaryam* einfach, weil selbstverständlich, geschwunden ist." (Ebd., S. 361). Es war also im Altindischen möglich, eine Konstruktion „ich wohne jemandem"(vgl. ebd., S. 361) zu verwenden.

Der Terminus *saṃvarga* (Vereiniger) ist für den gesamten Text zentral. Śaṅkara erklärt ihn mit *saṃgrahaṇā* im Sinne von *graha*, „ ... das wir in älterer Zeit an Stelle des *saṃvarga* finden werden" (LÜDERS, 1940, S. 375). *Saṃvarga* ist für LÜDERS ein Terminus des Würfelspieles, der den beschreibt, der die Gewinne beim Würfelspiel zusammenbringt. „*Saṃvarga* würde dann mit dem oben besprochenen *sayugvan* im Grunde identisch sein, ... " (ebd., S. 376). Der Terminus *graha* für *vāyu*, wie er in JUB 3.1.2 vorkommt, wurde zugunsten des *saṃvarga* aufgegeben und entspricht der „Spielsymbolik", die sich durch die gesamte *saṃvargavidyā* zieht.

Insgesamt bezieht sich der Begriff *saṃvarga* auf:
1. Das Sammeln der guten Taten durch Raikva,
2. die Vereinigung der Lebenskräfte/*devatāḥ* in *prāṇa* und *vāyu*,
3. die Gleichsetzung der fünf mikro- und makrokosmischen Lebenskräfte mit *virāj*, die nun ihrerseits die zehn Lebenskräfte überschaut und damit gewissermaßen zusammenfaßt.

E. Die Strophen JUB 3.2 u. 4 $\neq$ ChU 4.3.5-7

Bei der Beschäftigung mit der Saṃvargavidyā und dem damit in Teilen identischen Text des JUB ist die Forschung in der glücklichen Lage, auf die Arbeit von LÜDERS (1940) zurückgreifen zu können.

LÜDERS konnte beim Vergleich von JUB 3.1-2 mit ChU 4.1-3 insgesamt drei unterschiedliche Schichten herausarbeiten. Die älteste Schicht ist in den Strophen des Brāhmaṇa (JUB 3.2.2 und 3.2.4) erhalten. „Wichtig ist zunächst, daß wir feststellen können, daß die Strophen älter sind als das Brāhmaṇa selbst. Den Beweis liefert die Sprache" (LÜDERS, 1940, S. 379). Aus dem oben aufgeführten Zitat wird ebenfalls deutlich: Die zweite Textschicht bildet mithin die Prosa des Brāhmaṇa. Weiterhin konnte LÜDERS nachweisen, „... daß die Darstellung der Upaniṣad jünger ist als die des Brāhmaṇa; ... " (LÜDERS, 1940, S. 383), also eine dritte Textschicht vorliegt.

LÜDERS, der die Prosa der Upaniṣadfassung als einen Zusatz des Verfassers betrachtet[30] und bei der Behandlung der Prosa des Brāhmaṇa keine Schwierigkeiten sieht[31], wendet sich den beiden Strophen ChU 4.3.5-7 ≠ JUB 3.2 u. 4 ausführlich zu.

Rätselfrage

JUB	*ChU*
mahātmanaś caturo deva ekaḥ	*mahātmanaś caturo deva ekaḥ*
kaḥ so[32]*jagāra*[33]*bhuvanasya gopāḥ*[34]	*kaḥ so jagāra bhuvanasya gopās*
taṃ Kāpeya na vijānanty eke	*taṃ Kāpeya nâbhipaśyanti martyā*
'bhipratārin bahudhā niviṣṭam //3.2.2//iti	*Abhipratārin bahudhā vasantaṃ 4.3.6*

„,Vier Großmächtige verschlingt	„,Vier Großmächtige verschlingt
ein einziger Gott	ein einziger Gott,
der Hüter der Welt — wer ist das?	der Hüter der Welt — wer ist das?
Den kennen einige nicht, Kāpeya,	Ihn schauen die Sterblichen nicht, Kāpeya,
obwohl er sich vielfach niedergelassen hat,	obwohl er vielfach wohnt,
Abhipratārin.'"	Abhipratārin.'"
(LÜDERS, 1940, S. 379)	LÜDERS, 1940, S. 362)

Rätselantwort

ātmā devānām uta martyānāṃ	*ātmā devānāṃ janitā prajānāṃ*
hiraṇyadanto rabhaso[35]*na sūnuḥ*	*hiraṇyadaṃṣṭro babhaso 'nasūriḥ*
mahāntam asya mahimānam āhur	*mahāntam asya mahimānam āhur*
anadyamāno yad adantam atti//3.2.4//iti	*anadyamāno yad anannam atti/ iti ChU 4.3.7*

---

30 Vgl. Lüders, 1940, S. 378

31 Ebd., S. 379.

34 „Sämtliche Handschriften des Brāhmaṇa wie der Upaniṣad lesen *kaḥ (kas) so jagāra*, und es ist bei der Übereinstimmung beider Werke nicht daran zu denken, *so* zu *sa* zu verändern, wie Oertel und Böhtlingk es tun" (LÜDERS, 1940, S. 382). *kaḥ saḥ* ist ein eingeschobener Satz, weshalb man das letzte Wort in der Pausaform spricht. Erst bei der schriftlichen Überlieferung wurde dann äußerlich der Sandhi hergestellt, was zu einem *so* führte (ebd., S. 382). Zu übersetzen ist daher: „Wer ist das?"

34 *jagāra* als ein im präsentischen Sinn verwendetes Perfekt, das mit dem *atti* der 2. Strophe auf der gleichen Stufe steht, verweist auf eine alte Sprachstufe (Vgl. ebd., S. 380).

34 *gopā* ist ebenfalls ein Ausdruck der älteren Sprachstufe, die spätere Sprache verwendet *gopa* und ersetzt insbesondere *gopā* gern durch *goptṛ* (Ebd., S. 380).

35 Zur Konjektur *rabhaso* für *rapaso* vgl. LÜDERS, 1940, S. 379f.

„,Der Odem der Götter
und Menschen,
goldzahnig wie der Sohn der Gewalt —
groß sagen sie ist seine Größe,
weil er, ohne gegessen zu werden,
den Essenden ißt.'„
(LÜDERS, 1940, S. 379)

„,Die Seele der Götter,
der Erzeuger der Geschöpfe,
der goldzahnige Kauer, der Herr des Atems —
groß, sagen sie, ist seine Größe,
weil er, ohne gegessen zu werden,
ißt, was nicht Speise ist."
(LÜDERS, 1940, S. 362)

F. Die älteste Stufe der Wind-Atem-Lehre in den Strophen JUB 3.2.2 u. 4

Bei den beiden Strophen handelt es sich um eine Rätselfrage und eine verschlüsselte (Rätsel-)Antwort. Den Sinn entschlüsselt zu haben, ist Lüders' Verdienst.

In der ersten Strophe des Brāhmaṇa fragt der herumziehende Brahmane den Kṣatriya Abhipratārin Kākṣaseni und den Brahmanen Śaunaka Kāpeya nach einem Gott, der vier Großmächtige verschlingt. Es handelt sich hierbei um den *prāṇa*, der die vier Lebenskräfte *vāc*, *cakṣus*, *śrotra* und *manas* im Schlaf in sich vereint[36]. „Die Ausdrücke, in denen hier von diesem Prāṇa gesprochen wird, *deva ekaḥ, bhuvanasya gopāḥ, bahudhā niviṣṭam*, kehren größtenteils wörtlich in der Schilderung des Prāṇa Taitt. Ār. 3,14 wieder: *eko devo bahudhā niviṣṭaḥ, taṃ bhartāraṃ tam u goptāram āhuḥ*" (LÜDERS, 1940, S. 381).

Der *prāṇa* ist der Hüter der Geschöpfe, weil er den Körper erhält, sobald er in ihn eingetreten ist. Der Austritt des *prāṇa* hat den augenblicklichen Tod zur Folge. Während er diese lebenswichtige Funktion ausübt, ist er für das Auge unsichtbar.

Der Kommentar zur ersten Strophe nimmt eine Identifizierung der vier Lebenskräfte mit den entsprechenden makrokosmischen Pendants vor[37]. Der Dichter der Strophe selbst hat wohl eine solche Gleichsetzung nicht im Sinn gehabt, denn er spricht ausdrücklich von nur vier und nicht acht Großmächtigen, die der *prāṇa* verschlingt (vgl. LÜDERS, 1940, S. 381). Hinzu kommt, daß auch in der ausführlichen Prosa eine Identifikation der Lebenskräfte und makrokosmischen Pendants nicht vorkommt. Die erste Strophe betrifft also den Körper mit dem *prāṇa* als einziger Gottheit.

In der zweiten Strophe erfolgt die Antwort auf die Rätselfrage. Der *ātman* der Götter und der Menschen wird nun beschrieben. Da es sich

---

[36] Vgl. LÜDERS, 1940, S. 381.

[37] *„mahātmanaś caturo [deva] eka iti/ vāg vā agniḥ/ sa mahātmā devaḥ/ sa yatra svapiti tad vācaṃ prāṇo girati/* ... (LÜDERS, ebd., S. 381).

nicht nur um den *ātman* der Wesen (menschliche Ebene) handelt, sondern auch um den der Götter (göttliche Ebene), wird schon angedeutet, daß hier *vāyu* (=*prāṇa*) gemeint ist. So findet sich in ṚV 10.168.4 *vāta* (der Wind) als *ātmā́ devā́nāṃ bhúvanasya gárbhaḥ*[38]. Der Wind ist dem Atem übergeordnet (daher auch: **Wind**-Atem-Lehre). Der Mensch hat solange eine todlose Lebenszeit, ein *āyus* von idealerweise 100 Jahren, wie der Atem in ihm weilt, der sich in einem beständigen Austausch mit dem Wind befindet. Der *ātman* sowohl der unsterblichen Götter als auch der sterblichen Menschen ist *vāyu* (=*prāṇa*)[39].

Die nun folgenden Aussagen über den Wind sind insofern schwierig, als sie gerichtet sind auf einen Vergleich mit dem im ṚV so bedeutenden Gott *agni*. *hiraṇyadanto rabhaso na sūnuḥ* (goldzahnig wie der Sohn der Gewalt) ist *agni*, mit dem *vāyu* verglichen wird, weil auch er den Essenden — hier *prāṇa*, der seinerseits die vier Großmächtigen verschlingt — ißt, ohne von ihm gegessen zu werden. *agni* als der „Esser" im ṚV bot sich für einen Vergleich mit dem essenden *vāyu* geradezu an[40]. In ṚV 5.2,3 wird er *híraṇyadantaḥ śúcivarṇaḥ* genannt[41] und seine spezifische Eigenschaft ist das *rabhas* (n. Gewalt, Ungestüm von der $\sqrt{rabh}$).

Ein Vergleich zwischen *agni* und *vāyu/vāta* ist auch im ṚV nicht ungewöhnlich. So wird *agni* in ṚV 6.4,5 und 7.5,7 mit *vāyu* verglichen. Dabei zielt ṚV 6.4,5 ebenfalls ab auf das Verschlingen von „Speise".

> *nítikti yó vāraṇám ánnam átti*
> *vāyúr ná rā́ṣṭry áty ety aktū́n/*
> (ṚV 6.4.5)
> „Wer gierig die gemiedene Speise ißt,
> der überdauert wie der herrschende Wind die Nächte. ... "

In einem zweiten Vergleich tritt die schützende Eigenschaft von *agni* und *vāyu* hervor.

> *sá jā́yamānaḥ paramé vyòman*
> *vāyúr ná pā́thaḥ pári pāsi sadyáḥ/*

[38] *ātmā́ devā́nāṃ bhúvanasya gárbho*
yathāvaśáṃ carati devá eṣáḥ/
ghóṣā íd asya śṛṇvire ná rūpáṃ
tásmai vā́tāya havíṣā vidhema//10.168,4//
„Die Seele der Götter, das Kind der Welt,
wandelt dieser Gott, wo er will.
Sein Getöse hört man — nicht seine Gestalt.
Diesem Sturmwind lasset uns mit Opfer dienen." (GELDNER, 1951)

[39] Vgl. ṚV 1.66.1 oben S. 2.

[40] Vgl. LÜDERS, 1940, S. 380

[41] Vgl., ebd., S. 380.

tvám̥ bhúvanā janáyann abhí krann
ápatyāya jātavedo daśasyán//(ṚV 7.5,7)//

„Im höchsten Himmel geboren hegst du sofort deine Gehege wie Vāyu.
Der du die Wesen erzeugtest, du wieherst ihnen zu, indem du zu Nachkommenschaft behilflich bist, o Jātavedas“ (GELDNER, 1951).

Das in der Rätselfrage erscheinende Motiv des Verschlingens von vier Großmächtigen wird nicht nur aufgegriffen, sondern erfährt eine Überhöhung, indem die Gottheit *vāyu* genannt wird, die selbst *prāṇa* verschlingt. Das für *vāyu* bedeutendste Merkmal ist, daß er selbst nicht gegessen wird. Hier hört der Vergleich mit *agni* auf, denn in der Prosa JUB 3.1.7 geht das Feuer aus und geht in *vāyu* ein. *vāyu* ist die einzige ganze Gottheit, weil sie beständig in Bewegung ist[42] und selber von keiner anderen makrokosmischen Größe verspeist werden kann. Die Antwort, die die Motive des Essens und der Speise aufgreift, führt zum Höhepunkt innerhalb der Situation: Der um Nahrung bittende Brahmane erhält keine Speise, während die Befragten sich gerade Essen auftischen lassen (JUB 3.1.21). Mehr noch: die Rätselfrage, die er stellt, wird vom Kṣatriya Abhipratārin Kākṣaseni beantwortet und nicht vom Brahmanen Śaunaka Kāpeya (Vgl. LÜDERS, 1940, S. 386).

Der Kṣatriya weiß nicht nur um die *prāṇa* verschlingende Gottheit *vāyu*, kann also das Rätsel lösen, sondern er ist selber ein Esser, der nicht verspeist werden kann. Für ihn als *attṛ* ‘Esser’ ist ebenfalls alles Speise.

1. Die Strophen ChU 4.3.6 und 4.3.7

LÜDERS stellte eine Modernisierung der Strophen der Upaniṣad fest. „Man mag *bahudhā vasantam* und *hiraṇyadaṃṣṭraḥ* für ebenso alt halten wie *bahudhā niviṣṭam und hiraṇyadantaḥ*, obwohl die oben angeführten alten Parallelstellen auch hier für die Priorität der Brāhmaṇa-Lesungen

[42] Auf die Rastlosigkeit des Windes weist bereits ṚV 10.168.3 hin:
antárikṣe pathíbhir ī́yamāno
ná ní viśate katamác canā́haḥ/
apā́m̥ sákhā prathamajā́ ṛtā́vā
kvà svij jātáḥ kúta ā́ babhūva//
„Auf Wegen durch die Luft fahrend rastet er auch nicht einen Tag. Der Gewässer Freund, der Erstgeborene, Regelmäßige, wo mag er geboren sein, von wannen ist er gekommen?“ (GELDNER, 1951)

sprechen. In allen übrigen Varianten ist der Text der Upaniṣad zweifellos jünger." (LÜDERS, 1940, S. 385). *na vijānanty eke 'bhipratārin* wurde durch *nâbhipaśyanti martyā abhipratārin* ersetzt; *uta martyānām* wechselte mit *janitā prajānām*. Aus *rabhaso na sūnuḥ* wurde vermutlich die Form *babhaso 'nasūriḥ*, weil der Brāhmaṇa-Kommentar das vedische *na* (wie) nicht mehr verstand (ebd., S. 385). Wahrscheinlich ist die Bedeutung von *anasūriḥ* mit „Herr des Atems" wiederzugeben, als eine Umschreibung für den Wind. *ana* ist als Hauch und Atem z.B. in ChU 5.2.1[43] und BĀU 6.1.14 bekannt. Die auch von LÜDERS genannte Stelle ChU 5.2.1 mag auch den Schlüssel für die Änderung von *adantam* in der JUB zu *anannam* in sich bergen. Der *prāṇa* als *ana* ist in allen Lebewesen gegenwärtig und „verzehrt" ihre Lebenskräfte im Schlaf und zieht sie im Tod mit sich aus dem Körper hinaus. So sind selbst die Wesen, die als Nicht-Speise gelten, *ā śvabhya ā śakunibhya* (bis zu den Hunden, bis zu den Vögeln; ChU 5.2.1) *anna* (Speise) für den Atem (*ana*). Der Gleichklang der Wörter *anna* und *ana* verstärkt, im Sinne einer „primitiven" Etymologie die angenommene Beziehung zwischen *prāṇa* und *anna*. Wenn der *prāṇa* Esser der Speise ist, gilt dies auch für den Wind als Herrn des Atems (*anasūriḥ*).

Die Änderungen des Wortlautes innerhalb der Upaniṣad lassen den Sinn der Wind-Atem-Lehre unbeschadet. Die erste Strophe beschreibt den „Verschlinger" *prāṇa*, der selbst in die alles verzehrende Gottheit *vāyu* eingeht.

LÜDERS sah in der zweiten Strophe nicht mehr nur *vāyu*, sondern bereits *virāj* beschrieben. „Die Speiseverzehrerin ist die *virāj*. Auf sie muß also der *ātman* der Götter, der Erzeuger der Geschöpfe, der ohne gegessen zu werden, auch die Nichtspeise ißt, bezogen werden. Die Speise besteht aus zehn Dingen, die sich aus zwei Gruppen von je fünf zusammensetzen, und die wegen dieses Zahlenverhältnisses als der Gewinn beim Kṛta-Wurf und als die in allen, d.h. in den zehn Himmelsgegenden befindliche Speise bezeichnet werden. Niemand wird bezweifeln, daß diese zehn nach der Upaniṣad der Wind, das Feuer, die Sonne, der Mond, das Wasser auf der einen, der Prāṇa, die Rede, das Auge, das Ohr, das *manas* auf der anderen Seite sind. Diese müssen also unter dem *ananna* verstanden werden, das die Virāj verzehrt" (LÜDERS, 1940, S. 388).

Zu dieser Interpretation veranlaßte ihn ChU 4.3.8. LÜDERS konjizierte *tayêdaṃ sarvaṃ daṣṭaṃ* für *tayêdaṃ sarvaṃ dṛṣṭam*. Zweifellos

[43] *tad vā etad anasyânnam/ ano ha vai nāma pratyakṣam/ na ha vā evaṃvidi kiṃcanânannaṃ bhavatîti//ChU 5.2.1//*
So ist dies des Atems (*ana*) Speise (*anna*). *ana* ist so der offen vor Augen liegende Name. Wenn einer das so weiß, dann ist für ihn nichts Nicht-Speise.

richtig ist, daß der Gedankengang ein Wort aus dem Umfeld des Essens verlangt. Dazu ist jedoch die Konjektur nicht nur unnötig, sondern auch irreführend. Vielmehr ist *virāj* selbst geradezu ein Synonym für Speise. Schon A. Weber hatte gesehen: „Ebenso wird die gesamte Nahrung (kṛitsnam annam) ib. 7,2,4,25. [ŚB Anm. d. Verf.], 13,1,7,4, resp. die Nahrungsfülle (annâdyam) Kāth. 36,2 mit virâj gleichgesetzt, und dieselbe demgemäß als die yoni, Geburtsstätte, der Geschöpfe bezeichnet. Es beschränkt sich diese letztere Identification indeß nicht auf die 30silbige virâj, sondern gilt auch von ihrem pâda, der zehnsilbigen virâj, s. z.B. Śatap. 8,1,2,11. 5,2,2. 12,7,2,20.13,6,2,3. 7,1,2 ... " (WEBER, 1863/1973, S. 58).

Hinzu kommt noch, daß die Zahl 10 aufs engste verbunden ist mit der *virāj*. „Die Angabe, daß die virâj in Zehnern sich bewegend (daśādaśinî, daśaṃdaśinî), resp. zehnsilbig sei, kehrt unzählige Male wieder und wird zu den verschiedensten mystischen Zwecken verwendet, ... " (ebd., S. 58, vgl. auch S. 59). Neben der bislang bekannten Symbolik der Virāj gelang es FALK, eine Verbindung zum Würfelspiel herzustellen, bei dem gerade die Saṃvargavidyā eine Schlüsselstellung einnimmt.

Zuvor einige allgemeine Bemerkungen zum Hergang des Würfelspieles. Wenn die Spielnüsse (die vibhīdaka-Nuß, Terminalia Belerica, vgl. FALK, 1986, S. 103), 3 x 50 an der Zahl[44], in der Spielgrube liegen, beginnt das Spiel. Ein Spieler ergreift einen Teil der Nüsse. „Dieser ‚ergriffene' Teil der Würfel nun trägt die Bezeichnung *gláha*, so wie beim Opfer die aus der Masse der Flüssigkeit geschöpften Portionen Soma gráha heißen. ... Die Anzahl der Nüsse im *gláha* entscheidet darüber, ob der Spieler gewonnen hat oder nicht"(FALK, 1986, S. 116). Dieser *gláha* enthält ein „Spielergebnis" (*áya*), von denen vier verschiedene vorhanden sind: *kṛtá*, *trétā*, *dvāpára* und *káli*. Das Spielergebnis erhält man wie folgt: Vom *gláha* werden so oft vier Nüsse abgezogen, bis eine, zwei, drei oder vier Nüsse übrigbleiben. Die vier Nüsse können auch weggelegt werden und dieses Spielergebnis heißt dann *kṛta* (vgl. FALK, 1986, S. 117). Entsprechend ergibt ein Rest von drei *tretā*, zwei *dvāpara*, und eins *kali* (ebd., S. 117)[45]. „Auf TB 1.5.11,1 bezogen ergibt sich daraus, daß 5 nur deswegen *káli* ist, weil 1 übrigbleibt, nimmt man 4 weg." (ebd., S. 117).

Neben den vier *aya*-Namen erscheint ebenfalls ein fünfter. Fünf *ayas* treten auf beim Agnicayana (TS 4.3.3,1-2, KS 39.7, MS 2.7.20) und beim Puruṣamedha (VS 30.18, TB 3.4.16) (FALK, ebd., S. 118). Wie

[44] Zur Bedeutung der Zahl 150 vgl. Falk, 1986, S. 104ff, 108.

[45] Auf S. 117 wird auch über die Verhältnisse der *aya's* in Beziehung zu Versmaßen von 13, 17 oder 21 Silben gehandelt.

dieser Spielmodus mit fünf *ayas* zu denken ist, klärt FALK mit Hilfe der Saṃvargavidyā[46]. „Die Upaniṣad hatte den 5 kosmischen Prinzipien Vāyu, Agni, Sonne, Mond und Wasser die 5 menschlichen Fähigkeiten Atem, Stimme, Sehkraft, Gehör und Denken gegenübergestellt. Dabei galt das jeweils Erstgenannte als dasjenige Prinzip, das die folgenden vier in sich aufnimmt (*saṃ-vṛj*), so wie *kṛta* die anderen Ayas in sich vereint. Diese Fünfer-Gruppen ergeben in ihrer Summe 10, ebenso wie die addierten Aya-Zahlenwerte. Saṃvarga bedeutet für die ChU also, daß die Zahl 4 des traditionellen *kṛta* aufzugeben ist zugunsten eines Zehner-*kṛta*, der durch Addition aus dem alten System abgeleitet werden kann. Es entsprechen sich damit nicht nur die Anzahl der Prinzipien und der Wert des neuen *kṛta*, sondern *kṛta* geht auch darin mit *vāyu/prāṇa* parallel, daß es die untergeordneten Prinzipien in sich vereint." (FALK, 1986, S. 119)

Offen bleibt für FALK hingegen noch die Frage: „Was macht aber die Verbindung mit Würfeln, Himmelsrichtungen und Speise aus, auf die ChU 4.3, 8 angespielt wurde?" (ebd., S. 121).

Da die *virāj* ein Synonym für die Zahl 10, für die Speise und für *kṛta* ist, fand sie Eingang in den kommentierenden Schluß der Saṃvargavidyā. Gleichzeitig konnte gut angeknüpft werden an die Strophen zur Wind-Atem-Lehre, die ebenfalls durchzogen sind von einer Esser-Speise-Symbolik.

Ein weiterer Grund dafür, *virāj* mit der Wind-Atem-Lehre zu verbinden, wird dann deutlich, wenn man das Geschehen um den um Speise bittenden Brahmacārin in der ChU betrachtet.

Der Brahmane, der in JUB den Brahmanen Śaunaka Kāpeya und den Kṣatriya Abhipratārin Kākṣaseni um Speise bittet, wird in der ChU durch einen Brahmacārin ersetzt. Diese Änderung „... ist kaum zufällig. Die Niederlage, die der Frager erfährt, erschien dem Standesgefühl des Späteren offenbar erträglicher, wenn es kein Brahmane, sondern nur ein Schüler war" (LÜDERS, 1940, S. 386). Es antwortet im JUB nicht der Brahmane Śaunaka Kāpeya, sondern der Kṣatriya Abhipratārin Kākṣaseni dem Brahmanen. In dieser Situation verfügt er unmißverständlich über ein größeres Wissen (ebd., S. 386). Während der Brahmane im JUB dem Rätselvers nichts hinzufügt, schließt der Brahmacārin in der ChU mit nachfolgender Aussage:

yasmai vā etad annam
tasmā ctan na dattam iti// ChU 4.3.6

[46] Vgl. hierzu auch WEBER-BROSAMER, 1988, S. 98.

„ ‚Wahrlich, wem diese Speise (eigentlich) gebührt,
Dem ist diese nicht gegeben worden.' " (HAUSCHILDT, 1961, S. 42)[47].

Der Brahmanenschüler wird durch sein Wissen um *vāyu/prāṇa* als Verschlinger von vier Großmächtigen in magischer Weise selbst zu einem solchen Verschlinger und erwirkt so einen Anspruch auf die Speise. Genau das aber bringt er in ChU 4.3.6 zum Ausdruck. Er beschwert sich darüber, daß ihm, dem die Speise, wie Hauschildt treffend übersetzt, „eigentlich gebührt", nicht gegeben wird. Um nun dem Kṣatriya den für seinen Stand notwendigen Speisebesitz (*annādya*) nicht — nach magischer Denkanschauung — von einem Brahmacārin, der durch sein Wissen um den Verschlinger der Großmächtigen selber ein Verschlinger ist, anfechten zu lassen, muß der Brahmane entsprechend antworten. Der Brahmacārin fragt verschlüsselt nach *prāṇa/vāyu*. Der Brahmane Śaunaka Kāpeya muß nun seinen „Stand" und seinen vorgesetzten Dienstherrn verteidigen. Er tut dies, indem er die Antwort weiß und ebenfalls in verschlüsselter Form nennt. Das allein würde ihn aber auf die gleiche Stufe mit dem Brahmacārin stellen. Um seine Überlegenheit kund zu tun, weist er darauf hin, daß er und der Kṣatriya diese — also *prāṇa/vāyu* — nicht verehren (*nêdam upāsmahe* ChU 4.3.7)[48]. Was er verehrt, spricht er nicht aus, denn sonst gäbe er damit das Wissen preis, das ihn wie Raikva gleichsam an die Spitze der Hierarchie stellt. Im kommentierenden Schluß der Geschichte wird dann aber die verehrte Gottheit genannt: *virāj*!

Durch seine Kenntnis der *virāj* weiß der Brahmane mehr als der Brahmacārin. Damit kann der Brahmane Śaunaka Kāpeya auch zugleich begründen, daß die Speise dem, der um die *virāj* als Speiseesserin weiß, zu Recht gehört, also dem Brahmanen und seinem Dienstherrn Abhipratārin Kākṣaseni (Kṣatriya). So muß in diesem Fall der das höchste Wissen besitzende Brahmane den Kṣatriya verteidigen. Da er gleichzeitig mit ihm ißt, kann man zumindest vermuten, daß er seiner Speisegemeinschaft angehört und im Gegenzug dem Kṣatriya zu Diensten ist.

[47] „Meiner Meinung nach ist aber auch das an diese Triṣṭubh-Strophe sich unmittelbar anschließende im Jai. Up. Br. noch nicht erscheinende Stück ein metrisches Gebilde, und zwar sind es zwei vollkommen gleich gebaute Siebensilbler. ... " (HAUSCHILDT, 1961, S. 41).

[48] Vgl. hierzu ebenfalls HAUSCHILDT, 1961, S. 43, der die Lesart *brahmacārin nêdam* – wie LÜDERS – als richtige anerkannt hat und BÖHTLINGKS Konjektur zurückweist. BÖHTLINGK, 1889a, konjizierte *brahmacārinn idam upāsmahe*.

Die Nennung von *virāj* — neben den bisher genannten Gründen — dokumentiert hier das Mehr-Wissen des Brahmanen Śaunaka Kāpeya um die speiseessende Gottheit *virāj*[49].

Ein weiterer Beweggrund, *virāj* zu nennen, liegt im Metrum gleichen Namens begründet. Die ChU ist eine *Upaniṣad* des Sāmaveda. „Zusammenfassend läßt sich sagen, daß die *virāj*-Zahlen in den Kreisen der Sāmavedins besonders beliebt waren.“ (FALK, 1986, S. 125). Für einen solchen Priester mag dies ein zusätzlicher Grund gewesen sein, *virāj* als oberstes Prinzip anzusetzen.

2. Zusammenfassung

Die älteste Form der Wind-Atem-Lehre in den Upaniṣaden ist enthalten in den Strophen JUB 3.2.2 u. 4. Sie kann schematisch so dargestellt werden[50]:

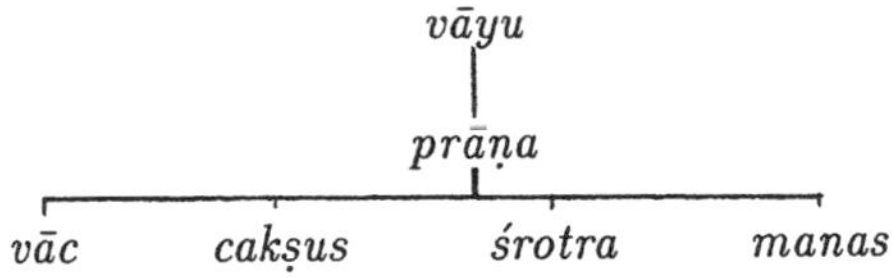

Zentrales Motiv beider Strophen ist die Esser-Speise-Thematik[51]. *prāṇa* als „Esser“ der vier Lebenskräfte wird seinerseits von *vāyu* verspeist. *vāyu* selbst ist die unsterbliche essende Gottheit[52], die in dieser Hinsicht mit dem Esser par excellence im ṚV — *agni* — verglichen wird. Anders als *prāṇa* oder *agni* kann aber *vāyu* nicht von einer anderen Gottheit "verspeist“ werden.

Die Rahmenhandlung zu beiden Strophen gibt Aufschluß über die Kompetenz des Kṣatriya Abhipratārin Kākṣaseni hinsichtlich naturphilosophischer Inhalte. So ist der Kṣatriya Abhipratārin Kākṣaseni anders als der Brahmane Śaunaka Kāpeya fähig, die Rätselfrage zu beantworten. Zudem ist er selbst auch — wie *vāyu* — ein Speiseesser (*attṛ*).

In den Strophen ChU 4.3.6 u. 7 ist die Wind-Atem-Lehre in ihrer Kernaussage unverändert erhalten geblieben. Modifiziert wurden nicht mehr verständliche Ausdrücke der Brāhmaṇa-Strophen. Sie wurden

---

49 Verhältnisse zwischen Personen, in denen Wissen und Mehr-Wissen den Rang zueinander bestimmen, werden bei der Interpretation der Prosa noch bedeutsam sein.

50 Vgl. auch LÜDERS, 1940, S. 390.

51 Eine Einteilung in Esser (Herrscher) und Speise (Beherrschte) läßt sich für die frühe indische „Gesellschaft“ nachweisen. Vgl. 13.

52 WEBER-BROSAMER zum Verhältnis der essenden Götter und der Menschen als Speise.

durch „modernere" Strophen ersetzt. Erhalten blieb die Esser-Speise-Thematik. In der Rahmenhandlung um den Kṣatriya Abhipratārin Kākṣaseni und den Brahmanen Śaunaka Kāpeya in der ChU erhielt sie dadurch stärkeres Gewicht, daß der um Speise bittende Brahmacārin (in der JUB noch ein Brahmane) den Essenden — dem Brahmanen und dem Kṣatriya — das Recht auf die Speise abspricht.

In der Upaniṣad ist, anders als im Brāhmaṇa, nicht der Kṣatriya in der Lage, die Frage zu beantworten, sondern der Brahmane Śaunaka Kāpeya. Dadurch sichert er dem Kṣatriya sein Recht auf Speise, festigt seine Position als *attṛ*. Mehr noch: Der Brahmane Śaunaka Kāpeya kennt nicht nur die Antwort auf die Rätselfrage, sondern weist den Brahmacārin darauf hin, daß er — gemeinsam mit Abhipratārin Kākṣaseni [53] — nicht *prāṇa/vāyu* verehrt, sondern, wie im kommentierenden Schluß deutlich wird, die Gottheit *virāj*.

Die Nennung von *virāj* bot sich aus mehreren Gründen an: Sie ist ein Symbol für die Zahl zehn, wodurch sie unter magischen Gesichtspunkten betrachtet auch die zehn Größen der Wind-Atem-Lehre (fünf *prāṇa*/fünf makrokosmische Größen mit *vāyu* an der Spitze [54]) in sich birgt. Ebenso ist sie die Speiseesserin sowie das Metrum gleichen Namens, das besonders von den Priestern des Sāmaveda geschätzt wurde. Nicht zuletzt ihre Verbindung zum Würfelspiel und hier speziell zum *kṛta* führten zu ihrer Nennung. Eine eigene Lehre, in der *virāj prāṇa* und *vāyu* in sich vereint, kann aufgrund der beschriebenen Herkunft der *virāj* aus dem ritualistischen Kontext und aus dem Würfelspiel nicht angenommen werden.

G. Die Prosa von JUB 3.1-2

JUB 3.1-2 handelt von der einzigen ganzen Gottheit (*kṛtsnā devatā*), die mit derjenigen, die weht (*pavate*), — *vāyu* — gleichgesetzt wird. Im Mittelpunkt des Textes steht das Eingehen der „halben"(*ardha*) Gottheiten bzw. Halbgottheiten Sonne, Mond, usw. in diese einzige ganze Gottheit — gemeint ist *vāyu*. Da die Gottheit *vāyu* alle anderen halben Gottheiten erfaßt, die in der Natur immer wieder entstehen und vergehen, trägt *vāyu* den Namen „Heimstatt" (*asta*). Die Halbgottheiten, die nicht beständig wie *vāyu* in Bewegung sind, gehen in ihn ein. Die Halbgottheiten sind (JUB 3.1.4-11):

1. *āditya* (Sonne)

[53] *iti vai vayaṃ brahmacārin nêdam upāsmāhe* (ChU 4.3.7).

[54] In dieser Form, erweitert auf den Makrokosmos, erscheint die Wind-Atem-Lehre in der noch zu behandelnden Prosa der Saṃvargavidyā.

2. *candramas* (Mond)
3. *nakṣatra* (Pl.; Sterne)
4. *agni* (Feuer)
5. *ahan* (Tag)
6. *rātri* (Nacht)
7. *diś* (Pl.; Himmelsrichtungen)
8. *parjanya* (Regen)
9. *ap* (Pl.; Wasser)
10. *oṣadhi* (Pl.; Kräuter)
11. *vanaspati* (Pl.; Bäume)

Weil alle in *vāyu* eingehen (der an dieser Stelle — JUB 3.1.12 — erstmals explizit genannt wird), ist er *sāman* (gesungenes Lied).

Nun wendet sich der Text der Ebene des Menschen zu. Er zeigt, wie die Lebenskräfte im Schlaf in den *prāṇa* eingehen und nicht mehr aktiv sind. Die Lebenskräfte sind (JUB 3.1.14-17):

1. *vāc* (Rede)
2. *manas*
3. *cakṣus* (Sehvermögen)
4. *śrotra* (Hörvermögen)

Aus eben diesem Grund wird auch *prāṇa sāman* (gesungenes Lied) genannt.

Anschließend wird erörtert, was geschieht, wenn kein Wind weht. In diesem Augenblick hat sich der Wind im *puruṣa* (Mensch) zur Ruhe begeben. Der mit dem Wind gefüllte *puruṣa* (Mensch) sitzt schwitzend da (JUB 3.1.20).

Den Schluß bildet die bereits erörterte Rahmenhandlung um Śaunaka Kāpeya und Abhipratārin Kākṣaseni, mit den beiden Strophen. Es liegt also folgende Grundstruktur vor:

JUB 3.1.1-11

I. *vāyu* als die einzige ganze Gottheit, in die alle anderen eingehen.
vāyu=sāman

II. *prāṇa*, in den *vāc, cakṣus, śrotra* und *manas* eingehen.
prāṇa=sāman

III. Bei Windstille befindet sich *vāyu* im schwitzend daniedersitzenden Menschen.
prāṇa=vāyu

Es ist wahrscheinlich, daß erst im Laufe der Zeit eine Angleichung der Zahl der makrokosmischen Elemente an die fünf mikrokosmischen Lebenskräfte, wie sie in der jüngeren Prosa der Saṃvargavidyā (ChU 4.1.1-4.3.4) vorliegt, erfolgte. Es handelt sich um Systemzwang.

Im obigen Text spiegelt die makrokosmische Ebene ältere kosmogonische Strukturen wieder[55].

Die Nummern eins bis sieben in obiger Liste beschreiben Lichterscheinungen, während die Nummern acht bis elf die Wachstumskräfte und ihre Produkte nennen. Es handelt sich um die grundlegenden Voraussetzungen für das menschliche Leben schlechthin. Diese aus den Kosmogonien erhaltenen Elemente konnten leicht, durch den kommentierenden Zusatz in Nummer sieben (*diśaḥ*, Pl.) den Erfordernissen der neuen Wind-Atem-Lehre angepaßt werden. Entscheidend für die Wind-Atem-Lehre ist die ununterbrochene Aktivität von *prāṇa/vāyu*. Die erste Stufe der Wind-Atem-Lehre zeigt dies am Beispiel des menschlichen Körpers. Die im Körper vorherrschenden Verhältnisse werden nun auf den Makrokosmos übertragen. Alle o.g. makrokosmischen Größen, mit Ausnahme von *diśaḥ* sind nicht ständig vorhanden. Sie entstehen und vergehen bzw. gehen auf und unter, wie die Lebenskräfte im Körper, mit Ausnahme des *prāṇa*, nachts zur Ruhe gehen. Nun wird geschlossen, daß die makrokosmischen Lebenskräfte in *vāyu* eingehen, wie die mikrokosmischen in *prāṇa*. Da die Himmelsrichtungen *diśaḥ* nicht in das Schema der beweglichen, tätigen Kräfte passen (in BĀU 1.5.21-23 erscheint hierfür der

[55] In ŚB 6.1.1.4 z.B., einer Kosmogonie, in der zudem die *prāṇa* (pl.; Lebenskräfte) bereits eine Rolle spielen, gehen die *prāṇa* (pl.; Lebenskräfte) in den Kopf des *puruṣa* (Mensch) ein. Indem sie in ihn eingehen, lebt der Kopf, und der *puruṣa* wird zu Prajāpati. Prajāpati wird dann in der Form des Agni-Feueraltares aufgeschichtet und mit *agni* (Feuer) identifiziert. In der Folge erscheinen dann neben anderen Details, die zum *agnicayana* (vgl. KRICK, 1982 und STAAL, 1983.) gehören, u. a. folgende Größen:

- *ap* (Pl.; Wasser) [aus *vāc* (Rede)]
- *oṣadhi* (Pl.; Kräuter)
- *vanaspati* (Pl.; Bäume)
- *vāyu* (Wind)
- *sūrya* (Sonne)
- *candramas* (Mond)
- *nakṣatra* (Pl.; Sternengebilde)
- *diś* (Pl.; Himmelsrichtungen)

Es sind die wesentlichen Elemente, die auch in JUB 3.1.1-11 vorkommen und dort in *vāyu* eingehen.

In ŚB 2.2.4.1-10 entläßt Prajāpati als Schöpfergott aus seiner eigenen Rede *agni* (Feuer), Pflanzen, Sonne und Wind und in ŚB 11.1.6.11 Tag und Nacht. Dies alles sind Bestandteile der Welt, die das Leben der Menschen ermöglichen und einer „Erklärung“ im Mythos bedürfen.

Ausdruck *karmāṇi*), sie aber als Pendant zu *śrotra* — so auch schon in ṚV 10.90.14 — bekannt waren, wurde eine Erläuterung notwendig.
muhyanti diśo na vai tā rātriṃ prajñāyante/ tena tā asarvāḥ/ tā etam evâpiyanti//3.1.9//
Da *diśaḥ* nur durch eine solche Erklärung ihren Platz in der Reihe der beweglichen makrokosmischen Größen behalten können, ist es wahrscheinlich, daß sie in BĀU 1.5.21-23 einfach weggelassen wurden (s. S. 118).

Eine Übertragung der mikrokosmischen Verhältnisse auf den Makrokosmos ist tief verwurzelt im mythisch-magischen Denken. Für die auf den Makrokosmos und seine Kräfte ausgedehnte Wind-Atem-Lehre waren jedoch rationale Überlegungen ausschlaggebend.

1. prāṇa und vāyu als sāman

LÜDERS sieht (vgl. LÜDERS, 1940, S. 390) in der Identifizierung von *prāṇa* und *vāyu* als *sāman* (gesungenes Lied) eine eigenständige Form der Wind-Atem-Lehre.

Das JUB gehört zum Sāmaveda. Für einen Sāmaveda-Priester ist es naheliegend, vermittels *vāyu/prāṇa* eine Verbindung zu seinem maßgeblichen Werk — dem Sāmaveda — herzustellen. In der Saṃvargavidyā geschieht durch *virāj* (ChU 4.3.8.) ähnliches wie hier bei *sāman* (gesungenes Lied) (JUB 3.1.12;13;19). Ein eigener Ansatz für eine Wind-Atem-Lehre liegt nicht vor. In beiden Fällen wurde die Wind-Atem-Lehre mit Begriffen verbunden, die den Brahmanen aus ihrer religiösen Praxis vertraut waren und die sie assoziativ mit der Wind-Atem-Lehre verbanden.

2. Zusammenfassung

Bei JUB 3.1.1-20 zeigt sich die Nähe zu Texten mythischen und kosmogonischen Inhalts. Wie in den Mythen, so sollen auch hier die den Menschen umgebenden schwer faßbaren Phänomene „erklärt“ werden. Die Deutung der wechselnden Naturerscheinungen erfolgt nun aber nicht mehr durch mythisch magisches Denken, sondern durch naturphilosophische Überlegungen. Den Ausgangspunkt bildet der menschliche Körper, der durch die Kraft des Atems (*prāṇa*) am Leben erhalten wird. Der Atem entspricht dem Wind (*vāyu*). Alle makrokosmischen „beweglichen“ Naturerscheinungen ruhen zu einem periodisch wiederkehrenden Zeitpunkt, während der Wind stets, letztlich als Atem, spürbar ist. Diese empirische Beobachtung führt zu dem Schluß, daß alle makrokosmischen Größen in den Wind eingehen, im Wind ihre Heimstatt und ihr Behältnis haben.

Darin liegt ein Ansatz naturphilosophischen Denkens, während die generelle Berücksichtigung des Makrokosmos auch bereits im Mythos vorkam.

Nachdem die Prosa JUB 3.1.1-20 untersucht wurde, ist nun zu klären, welche Stufe der Wind-Atem-Lehre in der Prosa von ChU 4.1-3 enthalten ist.

H. Die Prosa von ChU 4.1–3

Die Erzählung über den Brahmanen Raikva und den Herrscher Jānaśruti Pautrāyaṇa haben bereits LÜDERS (1940) und HAUSCHILDT (1968) eingehend untersucht.

Die Tendenz, die LÜDERS innerhalb der Saṃvargavidyā feststellte, ist die, „ ... daß sich der Verfasser in dieser Erzählung von Anfang an bemüht, den Gegensatz herauszuarbeiten zwischen dem werktätigen Manne, von dem alle Nutzen ziehen, und dem wissenden, der von allen Nutzen zieht. Diese scharfe Betonung der Überlegenheit des Wissens über die Werktätigkeit ist für die spätvedische Zeit charakteristisch; erst die folgende Periode hat das Verhältnis zwischen Wissen und Werk auszugleichen gesucht und für eine Weile sogar in das Gegenteil verkehrt.“ (LÜDERS, 1940, S. 384)

Daß die Betonung des Wissens in der Saṃvargavidyā der zentrale Punkt ist, steht fest. Es ist jedoch zu überlegen, ob nicht mehr ausgedrückt wird als die Überlegenheit des wissenden Raikva über den „werktätigen“ Jānaśruti (s.o.). Dazu sind beide Charaktere genauer zu betrachten. Zuvor sei die Struktur, die der Saṃvargavidyā zugrunde liegt, anhand einer tabellarischen Übersicht entschlüsselt.

Einführung des Jānaśruti, des speisegebenden *rājan* (4.1.1)
1. Dialog a) Rede Gans 1 (4.1.2) b) Gegenrede Gans 2 (4.1.3) c) Rede Gans 1 (4.1.3) d) Gegenrede Gans 2
2. Dialog b) Jānaśruti (4.1.5)[entspricht 1. Dialog b] c) Truchseß: [entspricht 1. Dialog c)] d) Jānaśruti [entspricht 1. Dialog d)]
1. Suche (4.1.7) 2. Suche (4.1.7-8)
1. Gang zu Raikva (4.2.1-3) 2. Gang zu Raikva (4.2.3-5).
Inhalt der Belehrung durch Raikva: die Wind-Atem-Lehre
Schlußerzählung

Der Übersicht kann entnommen werden, daß jede Handlung innerhalb der Erzählung um Raikva und Jānaśruti prinzipiell wiederholt wird.

- Der Dialog der Gänse findet bei gleichem Wortlaut zwischen Jānaśruti und dessen Truchseß statt [56].
- Zweimal begibt sich der Truchseß auf die Suche nach Raikva und ist erst beim zweiten Mal erfolgreich.
- Ebenfalls zweimal begibt sich Jānaśruti zu Raikva. Auch hier tritt der Erfolg erst beim zweiten Besuch ein.
- Bei den Strophen und der dazugehörigen kurzen Geschichte von Śaunaka Kāpeya und Abhipratārin Kākṣaseni, die bereits im JUB erschienen und daher älter sind als die Saṃvargavidyā, findet eine solche Wiederholung nicht statt.

[56] Möglicherweise werden der Herrscher Jānaśruti und Raikva als strahlendes Licht am Himmel bezeichnet, da sie — vor allem Letzterer als Kenner von *prāṇa/vāyu* und *virāj* (!) — mit dem Begriff *virāj* assoziert werden können, der das Weit-Strahlen und Weit-Herrschen (*vi-√rāj*) mit beinhaltet.

Zu *sayugvan* vgl. die Diskussion des Wortes durch LÜDERS, 1940, S. 369; wie er gebe ich *sayugvan* mit „Vereiniger" wieder. Raikva vereinigt das gesamte Wissen, wie der Zehner-*kṛta* die Zahlen und kann alle guten Verdienste an sich ziehen.

Daß in der gesamten Erzählung, das Motiv der Handlungswiederholung (also auch bei diesem Gespräch) vorkommt, unterstützt LÜDERS' Interpretation (1940, S. 371f). Zugleich spricht diese Tatsache gegen HAUSCHILDT, der zwar die wörtliche Identität des Gans-Dialogs mit dem zwischen Jānaśruti und dem Truchseß konstatierte, jedoch der Meinung war, Jānaśruti habe die Redeinhalte als drei Fragen an den Truchseß gerichtet (HAUSCHILDT, 1968, S. 350f).

- Festzuhalten ist auch, daß stets zwei Personen bzw. Tiere aktiv in den Handlungssequenzen agieren. Dabei kommt es zu einem interessanten Phänomen: Der gesellschaftlich höherrangige Gesprächspartner weiß mehr als sein sozial schwächeres Gegenüber.
  - Bhallākṣa dominiert über die nachfolgende, ihr quasi untergebene Gans durch ihr Wissen um Raikva. Gleichzeitig behandelt sie die ihr untergebene Gans genau so unhöflich[57] wie Jānaśruti, der die Rede der Gans lediglich wiederholt, den Truchseß und Raikva den Jānaśruti. Dabei wird durchgängig, wie HAUSCHILDT bemerkte (HAUSCHILDT, 1968, S. 348), der eine niedrigere gesellschaftliche Position innehabende mit dem unhöflichen *„are"* angeredet (ChU 4.1.3, 4.1.5, 4.1.7, 4.2.3, 4.2.5).
  - So ist es auch Jānaśruti selbst, der dem Truchseß angeben muß, wo er den Brahmanen Raikva zu suchen habe. Er übertrifft ihn mithin durch seine Kenntnisse.
  - Raikva dominiert seinerseits über Jānaśruti durch sein Wissen um die Wind-Atem-Lehre.

Fortgesetzt wird diese Tendenz auch durch die Ersetzung des fragenden Brahmanen durch einen Brahmacārin in der Rahmenhandlung um Śaunaka Kāpeya und Abhipratārin Kākṣaseni.

In der Saṃvargavidyā wird also nicht nur versucht, die Überlegenheit des Wissenden über den werktätigen Mann zu demonstrieren, sondern das Wissen zum Kriterium für die Einstufung innerhalb der Gesellschaft gemacht. Das Wissen allein soll entscheiden, wer Brahmane ist — also eine hohe gesellschaftliche Position inne hat — und überspitzt ausgedrückt, wer *śūdra* ist und so die niedrigste soziale Stellung einnimmt. Anschaulich wird dies im nachfolgenden, fast schon karikierend wirkenden Bild: Der unter einem Karren sitzende, sich den Hautausschlag kratzende Brahmane Raikva schimpft den sozial weit überlegenen Jānaśruti — legitimiert durch sein überlegenes Wissen — einen *śūdra*.

Was bewirkt konkret das größere Wissen des Raikva im Verhältnis zu Jānaśruti? Inwiefern spiegeln sich hier auf gesellschaftlicher Ebene vorhandene Vorstellungen oder Wunschvorstellungen (speziell der Brahmanen) wider?

Jānaśruti ist ein reicher Mann, der an alle Essen austeilt (ChU 4.1.1), Kühe und nicht zuletzt ein Dorf verschenken kann (ChU 4.2.2-3). Er muß daher über große gesellschaftliche Macht verfügen sowie ein hohes soziales Ansehen genießen. Gleich zu Beginn der Erzählung wird ausgeführt,

---

[57] So zeigte HAUSCHILDT, daß die anführende Gans „... sich ihrer augenblicklichen Würde bewußt ist und auf die gut gemeinte Warnung der ersten Gans ziemlich gereizt reagiert." (HAUSCHILDT, 1968, S. 349)

warum Jānaśruti viel gibt, schenkt und kochen läßt. Es geschieht aus *śraddhā*[58]. Zu *śraddhā* fand KÖHLER[59]. Er fand heraus:

> „Die Upaniṣaden, wesentlich beeinflußt von dem in der Kṣatriya-Kaste lebendigen Gedankengut, schwächen den priesterlich-ritualistischen Zug der Brāhmaṇatheologie, die śr. zum Mittelpunkt ihres Denkens und Trachtens machte, ab zu Gunsten einer freieren, das Moralische voranstellenden Anschauungsweise. Nicht Größe der Werke und Kenntnis höchst verwickelter Einzelvorschriften sind entscheidend, — rechtes, gutes Handeln beansprucht seine Vergeltung." (KÖHLER, 1973, S. 44).

Diese Entwicklung führt zu einer Veränderung des Begriffs *śraddhā*. „so ist *śraddhā* jetzt eine Tugend, die, tief im Herzen verwurzelt, die religiös-soziale Haltung des Menschen formt." (ebd., S. 44). Diese Haltung, die sich in der Regel in wahrer Opferfreudigkeit zeigt, wird aber auch bezogen auf das Spenden an Bedürftige. Diese Bedeutung der Gabe von *śraddhā* wird vor allem durch Stellen in der Pāli-Literatur begründet. „Dort wird oft von Gaben, seien es Almosenspeise, Kleidung usw. als einem saddhādeyyam 'einer Gabe, die mit saddhā gespendet wird' gesprochen. Wenn es Chānd. Up. IV, 1,1 von Jānaśruti heißt: ... Jānaśruti Pautrāyaṇa war ein Mann, der mit Gebefreudigkeit spendete, ... so besagt das nichts anderes, als was Dīgh. N. I, 137 [140] vom Fürsten Mahāvijito berichtet wird, ... " (KÖHLER, 1973, S. 49).

Abweichend von Köhler, der *śraddhā* mit „Spendefreudigkeit" wiedergibt, sieht HACKER als Bedeutung „Vertrauen" seit der vedischen Zeit gesichert (HACKER, 1963, S. 447 [161]), folgert dann aber weiter: „Wir müssen damit rechnen, daß *śraddhā* etwas ist, wovon wir keinen Begriff und wofür wir kein Wort haben" (ebd., S. 448 [162]). Für die Spende-*śraddhā*, um die es sich im Falle von Jānaśruti handelt[60], findet HACKER folgende Bedeutungsansätze: „Religiöse *śraddhā* ist ursprünglich ein Vertrauen, das einen Wunsch trägt. Die beiden Elemente — Vertrauen, Verlangen — und ihr Verhältnis zueinander sind dann im Laufe der Zeit in verschiedenen Anwendungsbereichen in mehrfacher Weise variiert und modifiziert worden. In der Spende-*śraddhā* ist das ,Vertrauen' zu einem Gelten lassen des Spendeempfängers abgewandelt, das ,Verlangen' zum Eifer in der Ausführung der Spende. Auf eine Übersetzung werden wir

[58] vgl. LÜDERS, 1940, S. 364.

[59] H.-W. KÖHLER, śrad-dhā- in der vedischen und altbuddhistischen Literatur, Wiesbaden 1973. Zur Kritik dieser Arbeit s. P. HACKER, 1963, S. 445ff. [159ff].

[60] HACKER bespricht diese Stelle nicht.

hier wie anderswo verzichten. ‚Glauben' und ‚Vertrauen' wären jedenfalls, weil nicht so eng in ihrem Inhalt, besser geeignet als ‚Spendefreudigkeit'; ... " (ebd., S. 474 [188])

Jānaśruti ist bestrebt, voller *śraddhā*, durch soziale Taten, religiöses Verdienst zu sammeln. Der moralische Grundzug innerhalb der Upaniṣaden, entstanden durch den Einfluß der Kṣatriyas, wird durch Jānaśruti verkörpert. Da er als Herrscher über die notwendigen Mittel (Gold, Kühe, Dörfer; wie sich in der Saṃvargavidyā zeigt) verfügt, kann er mehr religiöses Verdienst sammeln als andere, nicht so begüterte Personen.

An dieser Stelle jedoch kommt der Brahmane Raikva ins „Spiel". Er erhält, wie der Spieler beim *kṛta*, der die niederen Zahlen zugerechnet bekommt, die Verdienste der Menschen und damit auch das religiöse Verdienst Jānaśruti's zugerechnet (ChU 4.1.6). „Der Gegensatz zwischen Jānaśruti und Raikva, der schon in 4.1.1 angedeutet war, wird hier deutlicher hervorgehoben: Jānaśruti genießt nur das Verdienst seiner eigenen Guttaten, Raikva das der ganzen Welt." (LÜDERS, 1940, S. 370). Neben den bereits genannten Bedeutungsinhalten von *kṛta* sei hier noch ein ganz spezieller Aspekt dieses Terminus aufgeführt. In KauS 17,11-26[61] wird die Weihe eines Kreisfürsten beschrieben. (vgl. CALAND, 1900/1967, S. 40, insbesondere Fußnote 5) Hier gewinnt der Regent symbolisch beim Spiel mit einem Brahmanen, einem Kṣatriya und einem Vaiśya dreimal das *kṛta* (KauS 17,17). Damit ersiegt er gleichzeitig das Hab und Gut der drei Stände (KauS 17,18). Der Vaiśya bittet daraufhin den Kreisfürsten, die Habe wieder zurückzugeben. Dieser Bitte entspricht der Regent und verteilt das Gewonnene an die Stände (KauS 17,19). So wie der Kreisfürst mit *kṛta* alle Güter erlangen konnte, ist es dem Raikva möglich, ebenfalls mittels *kṛta* alle guten Taten der Menschen auf sich zu vereinen. Die politisch-militärische Macht gewinnt den weltlichen Reichtum, der Brahmane mit seinem Wissen die guten Taten. Doch möchte er darüberhinaus zu seinem Lebensunterhalt auch weltliche Güter erlangen. Dies gelingt ihm wie folgt: Raikva weiß um den Wissensdurst Jānaśrutis. „Ich fürchte beinahe, daß der schlaue Raikva, in Erkenntnis des Wissenseifers Jānaśrutis, die erste Zurückweisung vollzieht, um diesen noch mehr auszubeuten. Jedenfalls erhöht der König sein Angebot auf tausend Kühe, und zusätzlich bietet er dem Brahmanen das in der Nähe gelegene Dorf als Lehen, ja sogar die eigene Tochter als Gattin an, um diesen zu erweichen." (HAUSCHILDT, 1968, S. 357).

---

[61] Vgl. auch WEBER, 1893, S. 140-142, der eine Übersetzung von KauS 17,11-26 gibt.

Der arme Raikva vermag nicht nur durch die Macht seines Wissens das religiöse Verdienst Jānaśrutis und aller Menschen zu erlangen, sondern kommt darüberhinaus selbst zu bescheidenem Wohlstand. Allein dieser Tatbestand ist von großer Tragweite, zeigt er doch, wie selbst armen, sozial niedrigstehenden Brahmanen die Möglichkeit gegeben ist, einem an der Spitze der Gesellschaft stehenden *rājan* durch Wissen überlegen zu sein und aus dieser Überlegenheit materiellen Nutzen zu ziehen. Dieser Tatbestand wird im Text überspitzt ausgedrückt.

Betrachtet man die Belehrung, die dem Jānaśruti durch Raikva zuteil wird, so fällt die magische Denkweise auf. Wie *prāṇa*/*vāyu* die Lebenskräfte/makrokosmischen Lebenskräfte in sich aufnimmt und die *virāj* die Himmelsrichtungen, einschließlich der in ihnen enthaltenen Speise, so nimmt Raikva die guten Taten der Menschen auf. Er ist also allein durch das Wissen um *prāṇa/vāyu* in der Lage, analog die religiösen Verdienste an sich zu ziehen.

Die Wind-Atem-Lehre in der Prosa unterscheidet sich insofern von der ursprünglichen Form in den Strophen, als die makrokosmischen Größen nun ebenfalls in *vāyu* eingehen und, anders als in der Prosa des JUB, mit den vier mikrokosmischen Lebenskräften in Kongruenz gebracht werden. Daß der Brahmane Śaunaka Kāpeya und der Kṣatriya Abhipratārin Kākṣaseni nicht *vāyu/prāṇa*, sondern die *virāj* verehren, zeigt, daß die Wind-Atem-Lehre nicht mehr die herausragende Bedeutung hat, die ihr im JUB zukommt. Dies mag zum Teil darin begründet sein, daß die *virāj* in der Schule der Sāmavedins von Bedeutung war, deren Anhänger den Text ihren Vorstellungen entsprechend gestalteten.

1. Zusammenfassung

Besondere Merkmale der Saṃvargavidyā sind: Die Bedeutung des Wissens, die Stellung des Wissenden. Durch das Wissen kann Raikva den an religiös-sozialen Wohltaten orientierten Jānaśruti belehren. Seine Belehrung gibt eine mit magischen Anschauungen verquickte, erstarrte und erweiterte Wind-Atem-Lehre wieder.

Das Motiv des Würfelspiels mit dem neuen Zehner-*kṛta* konnte gut mit der Wind-Atem-Lehre und der neu hinzugekommenen Lehre von der speiseessenden *virāj* verbunden werden.

JUB 3.1-2 und ChU 4.1-3 legen Zeugnis ab über die Entwicklung der Wind-Atem-Lehre von der 1. Stufe, die auf den menschlichen Körper zentriert war, bis zur 2. Stufe, der empirischen Beobachtung des Kosmos, bis hin zum Absinken der Lehre (3. Stufe) in der jüngeren Prosa der ChU. Einher geht ein „Rollentausch“ zwischen Kṣatriya und Brahmane hinsichtlich des Wissens um naturphilosophische Inhalte. Ist in der ältesten Stufe der Wind-Atem-Lehre der Kṣatriya führend, dominiert in der 2. Stufe (Rätselverse in der Saṃvargavidyā) der Brahmane über einen Brahmacārin und in der 3. Stufe der Brahmane Raikva über den Kṣatriya Jānaśruti.

Nun ist zu untersuchen, ob eine ähnliche Entwicklung bei den Fabeln des Wettstreites der Lebenskräfte feststellbar ist und wie sich das Verhältnis zwischen Brahmanen und Kṣatriyas in diesem speziellen Punkt gestaltet. Da in ŚB 1.4.5.8-12 bereits zwei wesentliche Körperfunktionen, *manas* und *vāc*, die zu den fünf *prāṇāḥ* zählen, miteinander streiten, soll diese älteste mir bekannte indische Wettstreitfabel zuerst behandelt werden, bevor zum umfangreichen Komplex des Wettstreites der Lebenskräfte übergegangen wird.

4. Der Wettstreit zwischen manas und vāc in ŚB 1.4.5.8-12

Das Wettstreitmotiv tritt nicht zuerst im Wettstreit der Lebenskräfte auf, sondern in der älteren Fabel vom Wettstreit zwischen *manas* und *vā́c*. Diese Fabel ist in mehrfacher Hinsicht für die des Wettstreites der Lebenskräfte bedeutend; weisen doch beide ähnliche Merkmale, Strukturen und Tendenzen auf, die nachfolgend zu erörtern sind.

Doch zuvor einige Worte zur Fabel. Fabeln und spezielle Wettstreitfassungen (s. S. 131ff.) sind in den Hochkulturen Griechenlands, Persiens, Ägyptens und Indiens gleichermaßen bekannt. Besonders im letzten Jahrhundert und zu Beginn dieses Jahrhunderts wurden die verschiedenen Fabel-Theorien (Diffusion oder Polygenese) kontrovers diskutiert. Ohne auf diese Diskussion näher einzugehen, soll folgende Annahme für diese Arbeit zugrunde gelegt werden:

„Die Annahme, daß die Fabel aus dem Nahen oder Fernen Osten ‚stamme' und von dort nach Ionien und Griechenland gekommen sei, beruht auf einem Irrtum. ... wohl können wir eine Wanderung von Fabelmotiven in dieser Richtung verfolgen, aber Fabeln hat es zu allen Zeiten und wohl bei allen Völkern gegeben." (SCHNUR, 1985, S. 12). Vielmehr ist die Geschichte der Fabelliteratur zu erforschen. „Was wir in historischer Reihenfolge erkennen können, ist die Aufzeichnung der Fabel: wir haben vor uns, nicht eine Geschichte der Fabel, sondern eine Geschichte der Fabelliteratur. Diese Geschichte zeigt eine beispiellose Verschachtelung von Motiven und Überlieferungen, von Hin- und Rückwanderungen, die fast unentwirrbar ist." (SCHNUR, 1985, S. 12f.).

Es soll daher nicht der Versuch unternommen werden, für oder gegen eine Priorität indischer Fabeln auf dem Gebiet der Wettstreitliteratur zu plädieren, wohl aber ein inhaltlicher Vergleich der Fabelmotive der vorliegenden Wettstreitversionen auf den Seiten 131ff. vorgenommen werden.

Nun noch einige Worte zur Definition der Fabel, wobei noch einmal SCHNUR zu Worte kommen soll: „Wollen wir zusammenfassend eine annähernde Begriffsbestimmung der Fabel wagen, so müssen wir uns mit der Feststellung begnügen, daß es eine kurze, pointierte und witzige Geschichte ist, dem Epigramm also recht ähnlich, von dem sie sich allenfalls dadurch unterscheidet, daß ein Vorgang hier nicht nur erwähnt, sondern, wenn auch kurz, geschildert wird. ... Der tiefere Ursprung der Fabel mag im animistischen Denken wurzeln, dem alles, Tiere, Pflanzen und Steine ebenso wie elementare Naturerscheinungen, beseelt und mit Willen und Sprache begabt sind." (SCHNUR, 1985, S. 12).

SCHNUR nennt darüberhinaus die aus Sprichwörtern bestehenden Rangstreite in der altbabylonischen Spruchweisheit (SCHNUR, 1985, S. 10) als Randgebiete der Fabeln. Da der Wettstreit der Lebenskräfte in den indischen Fabeln breiter angelegt ist und nicht den Charakter von Sprichwörtern hat, soll hierauf seine Definition der Fabel angewendet werden.

Es ist noch ein Aspekt der Fabel zu beleuchten: der sozialkritische Ansatz mancher Fabeln. Seit CRUSIUS (1879) wird die Fabel als Mittel des kleinen Mannes gedeutet, der gegen die Mächtigen und Reichen aufsteht (s. SCHNUR, 1985, S. 14). Diesen Standpunkt vertritt vor allem DITHMAR (1978, S. 19, zum Pañcatantra S. 20), den SCHNUR am Beispiel Äsops widerlegen kann (SCHNUR, 1985, S. 14f.) So gelangt SCHNUR zu folgendem Schluß: „Entscheidend ist allein der Kontext, in dem eine Fabel illustrierend oder polemisch verwendet wird: dieser zeigt ihre Verwendung, nicht aber ihren Ursprung. Je nach der jeweiligen Situation können die unschuldigsten Histörchen oder Bibelzitate, Märchen oder Fabeln, den jeweiligen Machthabern in die falsche Kehle kommen. Man erzählt, daß Anfang dieses Jahrhunderts eine chinesische Übersetzung von Grimms Märchen erschienen sei: ein Mandarin rief erzürnt aus: 'Dies zielt auf uns!', und verbot sie. Verfremdung einer Gattung sagt nichts über ihren Ursprung." (SCHNUR, 1985, S. 15). D. h., Fabeln können durchaus, in einem veränderten Kontext, Elemente enthalten, die auf politische und gesellschaftliche Inhalte hinweisen, wie für den Wettstreit der Lebenskräfte noch zu zeigen sein wird.

In den indischen Fabeln des Wettstreites der Lebenskräfte erscheinen die einzelnen Lebenskräfte *prāṇa* (Atem), *vā́c* (Rede), *cakṣus* (Sehvermögen), *śrotra* (Hörvermögen) und *mánas* wie in einer Fabel üblich wie selbständige Personen und treten miteinander in Wettstreit. Der Wettstreit hat das Ziel, den Vorzüglichsten und Besten (*jyeṣṭha*, *śreṣṭha*), d.h. die unentbehrliche Lebenskraft herauszufinden.

A. Text und Übersetzung ŚB 1.4.5.8-12

1. Text

áthâto mánasaś caîvá vācáś ca ahaṃbhadrá uditáṃ/ mánaś ca ha vaí vā́k câhambhadrá ūdāte//ŚB 1.4.5.8//
tád dha mána uvāca/ ahám evá tvác chréyo 'smi ná vaí máyā tváṃ kíṃ ca nā́nabhigataṃ vadasi sā́ yań máma tváṃ kṛtānukarā́nuvartmā́sy ahám evá tvác chréyo 'smī́ti//ŚB 1.4.5.9//
átha ha vā́g uvāca/ ahám evá tvác chréyasy asmi yád vaí tváṃ vétthâhaṁ tád vijñapayāmy aháṃ sáṃjñapayāmîti //ŚB 1.4.5.10//
té prajā́patiṃ pratipraśnám éyatuḥ sá prajā́patir mánasa evā́nūvāca mána evá tvác chréyo mánaso vaí tváṃ kṛtānukarā́nuvartmâsi śréyaso vaí pā́pīyān kṛtānukaró 'nuvartmā bhavatī́ti//ŚB 1.4.5.11//
sā́ ha vā́k pároktā vísiṣmiye tásyai gárbhaḥ papāta sā́ ha vā́k prajā́patim uvācâhavyavāḍ evā̀hṃ túbhyaṃ bhūyāsaṃ yā́ṃ mā parā́voca íti tásmād yát kíṃ ca prajapatyáṃ yajñé kriyáta upāṃśv evá tát kriyaté 'havyavāḍ ḍhi vā́k prajā́pataya ā́sīt//ŚB 1.4.5.12//

2. Übersetzung

Nun folgt das sowohl vom *mánas* als auch von der Rede über die Vorherrschaft im Wettstreit Gesagte. Das *mánas* und die Rede redeten beide über die Vorherrschaft im Wettstreit.

Das *mánas* sagte: „Ich bin besser als du. Gar nichts, das durch mich nicht verstanden worden ist, sagst du. Weil du eine mich Nachahmende und (mir) Nachfolgende bist, bin ich eben besser als du.“//ŚB 1.4,5,6//

Darauf nun sagte die Rede: „Ich bin besser als du. Was du weißt, das lasse ich erkennen, das mache ich begreiflich.“ //ŚB 1.4.5.10//

Die beiden gingen zu Prajāpati wegen der Streitfrage. Prajāpati stimmte ausschließlich dem *mánas* zu [mit den Worten]: „Das *mánas* ist besser als du, weil du eine Nachahmerin, eine Nachfolgerin des *mánas* bist. Die Nachahmung [und] die Nachfolge des Besseren ist schlechter.//ŚB 1.4.5.11//

Die Rede, der widersprochen wurde, verlor ihr Lächeln. Sie erlitt eine Fehlgeburt (wörtlich: Ihr fiel die Leibesfrucht.). Die Rede sprach zu Prajāpati: „Nie mehr möchte ich dir eine Opferbringerin sein, weil du mich (gerade) abgewiesen hast.“ Daher, was auch immer im Opfer für Prajāpati gemacht wird, das wird ausschließlich mit leiser Stimme gemacht, denn keine Opferträgerin mehr war die Rede für Prajāpati.//ŚB 1.4.5.12//

B. Bemerkungen zum Text und zur Übersetzung

ahambhadrá (n.) bezeichnet als Abstraktum eine Handlung, die benannt wird nach der Redewendung, die während dieses Vorganges geäußert wird. Hier ist es das Aussprechen von „*ahám̐ bhadráḥ*" (s. WACKERNAGEL, Bd. III, S. 437). *aham* wird seit dem RV als Vorderglied eines Kompositums verwendet (ebd., S. 437). *ahaṃbhadrá* wird daher wie *ahaṃśréyas* im pw mit „ein für sich in Anspruch genommener Vorrang" übersetzt. *bhadrá* bezeichnet in der ältesten Zeit nach Oldenberg das „... was vermöge seiner Wesenheit, seiner Kräfte und Eigenschaften für den Inhaber, den Nahestehenden, den Interessierten wertvoll ist, Glück und Freude bedeutet." (OLDENBERG, 1918, S. 48). Es wird mit „glückbringend" übersetzt und bezeichnet dann das, was aus sich selbst heraus Glück spendet „und ... in Korrespondenz mit der glückspendenden Macht steht." (ebd., S.49). *bhadrá* bezeichnet vor allem in Verbindung mit *mánas* „die innewohnende geistige Kraft" (ebd., S. 49), was für obigen Text wohl nicht zutrifft.

In der älteren Zeit wird *bhadrá* nur in Verbindung mit Wesenheiten verwendet, die einen glücklichen Einfluß ausüben, ihn besitzen oder in dessen Einflußbereich existieren, während in der jüngeren Vedazeit ein Übergang stattfindet von der Vorstellung des Glückbringenden zu der des Glückgenießenden (ebd. S. 51). Hierbei ist hervorzuheben „der Gegensatz von *bhadra* und *pāpa*, sodann die Verbindung von *bhadra* und *śrī*. ... Was *śrī* anlangt, so ist hier zu erwähnen, daß in der jüngeren Vedasprache mehrfach mit dem Komparativ *śreyas* als sinneszugehöriger Positiv *bhadra* zusammengeschoben ist ... "(ebd., S. 51, Anm. 1). *bhadrá/śréyas* in ŚB 1.5.5.8 (*bhadrá*), 9 und 10 (*śréyas*) bilden den Gegensatz zu *pāpīyas* in 1.4.5.11. Das in ŚB 1.4.5.8 zweimal vorkommende *ahaṃbhadrá* ist in beiden Fällen ein Lokativ. Bei der zweiten Nennung „*mánaś ca ha vaí vā́k cā́hambhadrá ūdāte*" soll noch einmal bekräftigt werden, daß auch das *mánas* im Wettstreit redet, was nicht selbstverständlich ist, da das Reden an sich nur zur Domäne der *vā́c* gehört. Im Anschluß daran folgt die direkte Rede des *mánas*, die mit der der *vā́c* im ersten Teil identisch ist (*ahám evá tvác chréyaḥ/śréyasy asmi* ŚB 1.4.5.10, *vā́c* 1.4.5.11; „Ich bin besser als du."). Wie schon erwähnt, bildet *pā́pīyas* in ŚB 1.4.5.11 das Gegenstück zu *bhadŕa/śréyas.* Wie auf S. 13 ausgeführt, entsprechen *śréyas/pā́pīyas* dem Gegensatz Herrscher/Beherrschte und weisen hin auf die frühe indische Gesellschaftsordnung.

Hinzuweisen ist noch auf die Bedeutungen von *anu-*$\sqrt{vac}$ und *parā-*$\sqrt{vac}$, die im Deutschen leider nur unzulänglich mit einem Verbum des Sprechens wiedergegeben werden können, wodurch der im Sanskrit offensichtliche Gegensatz leicht verlorengeht. Das PW übersetzt unter Angabe der Stelle ŚB 1.4.5.11 *anu-*$\sqrt{vac}$ mit bei**stimmen**, Recht geben. Prajāpati gibt dem *mánas* recht und bejaht dessen Aussage, besser (*śreyas*) zu sein. Im Gegenzug wider**spricht** er der *vā́c*, *parā-*$\sqrt{vac}$, er weist sie zurück[1].

Ebenfalls Erwähnung verdient der Prekativ *bhūyā́sam* (ŚB 1.4.5.12), der in den Brāhmaṇas fast nur in poetischen Sprüchen oder poetische Sprüche umschreibender Prosa vorkommt (s. Delbrück, 1888, S. 352, §198). In echter Prosa fand Delbrück den Prekativ an o. g. Stelle und TS 2,6,6,1. Er übersetzt: „Vā́c, abgewiesen, erschrak und abortirte, und sprach zu Prajāpati: ich möchte dir (in Zukunft) nicht Opferbringer sein, da du mich (jetzt) zurückgewiesen hast.“ (ebd., S. 353, §198).

Das pw übersetzt *vi-*$\sqrt{smi}$ mit „betroffen, bestürzt werden, erstaunen über“. Es bedeutet, daß der *vā́c* „das Lachen vergeht“[2], „sie sich des Lachens entäußert“. Zudem verliert sie bzw. geht ihr die Leibesfrucht (*garbhaḥ papāta*) ab. Das Substantiv *garbhapāta* bezeichnet (lt. PW) „m. Fehlgeburt nach dem vierten Monat der Schwangerschaft.“ *garbhaḥ papāta* soll daher mit „sie erlitt eine Fehlgeburt“ wiedergegeben werden. Auf die inhaltliche Dimension dieser Aussage soll im folgenden Abschnitt eingegangen werden.

C. Der Wettstreit zwischen manas und vāc

Um die Aussagen, die in der Fabel gemacht werden, einordnen zu können, muß die Bedeutung von *mánas* und *vā́c* im mythologischen und rituellen Kontext geklärt werden, bevor zur naturphilosophischen und gesellschaftlichen Ebene übergegangen wird.

[1] Vgl. auch Taittirīya Saṃhitā 2.5.11; hier gibt Prajāpati ebenfalls *mánas* den Vorrang gegenüber der *vā́c*, weshalb er nur noch leise verehrt wird. Er opfert nur noch durch sein *mánas*. Für den Wettstreit zwischen *manas* und *vāc* ergibt diese Stelle jedoch keine weiteren Aufschlüsse.

[2] Vgl. TSCHANNERL, 1993, S. 147-153.

Mythologische Ebene

mánas und *vā́c*, die im Kontext der Wind-Atem-Lehre zu den fünf Lebenskräften zählen, bilden im ŚB eine Art „Urpaar", das zusammen mit dem Schöpfergott Prajāpati die Welt erschafft[3]. So vereinigt sich Prajāpati in ŚB 6.1.2.1-13 als *mánas* (!) viermal mit der *vā́c*, um die *vásus*, *rudrás*, *ādityás* und die All-Götter zu schaffen. *mánas*, obzwar n., aber in Identifikation mit Prajāpati, ist der „Ehemann" der *vā́c*.

In ŚB 10.6.5.1-5 vereinigt sich der Tod als *mánas* mit der *vā́c* und erzeugt bei der ersten Vereinigung das Jahr und bei der zweiten die All-Götter. Es besteht zwischen *mánas* und *vā́c* ein sehr enges, symbiotisches Verhältnis, wie zwischen Brahmanen (=*vā́c/brahman*, n.) und Kṣatriyas (*mánas*). Wenn im Wettstreit zwischen *mánas* und *vā́c* die „Ehefrau" *vā́c* durch *mánas* und Prajāpati in eine untergeordnete Rolle verwiesen wird und eine Fehlgeburt erleidet, ergibt sich daraus eine erschreckende Konsequenz: die Schöpfung des „Urpaares" geht verloren.

Eine weitere Allegorie, mit rituellem Charakter, sei als letzte angesprochen: ŚB 2.2.4.1-7. Hier ist *vā́c* Prajāpatis eigene Stärke, die ihm rät zu opfern und ihn so vor *agni*, der ihn aufgrund des herrschenden Hungers verspeisen will, rettet. D.h. Prajāpati selbst ist von Opfern, die ihn restaurieren sollen, und damit von der *vā́c* abhängig, denn ohne ein Opfer droht ihm der Tod[4]. Wenn sich also die *vā́c* in ŚB 6.1.2.1-13 weigert, für Prajāpati Opferträgerin zu sein, so bedeutet dies im mythologischen Kontext seinen sicheren Tod. Hierin liegt auch u.a. die rituelle Bedeutung der *vā́c*, über die nachfolgend gehandelt wird.

Zusammenfassend läßt sich festhalten: Im Glauben der Menschen schafft Prajāpati mit einem Feueropfer einen uranfänglichen Ritus, der von ihnen jährlich zur Harmonisierung und Erneuerung der Schöpfung, zur Abwehr von Hunger und Tod durchgeführt wird. Im magischen Denken wird so per Analogie die Schöpfung jedesmal aufs neue wieder automatisch in Gang gesetzt. (Dies geschieht durch das *agnicayana* vgl. GONDA, 1978, S. 191, s. auch KRIK, 1982). Dabei ist der menschliche Opferer per Analogie identisch mit Prajāpati. Stirbt Prajāpati und dessen Schöpfung, dann stirbt auch der Mensch und kann mittels *vā́c* dieses zu erwartende Geschehen nicht abwenden.

---

[3] S. u. a. GONDA, 1975, S. 390

[4] So verlassen ihn z.B. in ŚB 6.1.2.1-13 in erschöpftem Zustand die Götter und die Lebenskräfte.

Rituelle Ebene

In der zuletzt genannten Allegorie wurde die Bedeutung der *vā́c* im rituellen Kontext bereits angesprochen. Generell war die *vā́c* eine, wenn nicht gar **die** entscheidende Komponente im Ritual.

> „*Vā́c* selbst, die gelegentlich eine Göttin (Devī) heißt, ist, obwohl ohne anthropologische Eigenschaften und Mythologie, eine große Macht, mittels welcher die Weisen und Seher das große Geheimnis von Welt und Leben zu erklären versuchen. Die allwissende, allgegenwärtige Rede ist eine Trägerin der von der visionären Intuition geschauten Wahrheit, Trägerin und Erkenntnisquelle wertvoller Traditionen, in denen die mächtige Weisheit der Vorfahren aufgespeichert ist. Höchster Sitz der honigreichen, somagleichen, aus den Urwassern entstandenen (RV. 10,125,7) Rede ist der Brahmanpriester (1,164,35), der sie als ein Instrument handhabt, um auf die göttlichen Mächte Einfluß auszuüben. Sie verschafft Reichtum, durch sie ißt man Speise, alles hängt von ihr ab (10,125,2;3); sie geht als ein Bote zu den Göttern, durch sie ward sogar Indra groß (10,50,4). Selbst in hohem Grade mysteriös oder transzendent (1,164,45) und auch dämonisch — denn ihre Feinde werden sterben (10,125,6) — hilft sie dem Menschen, die Phänomene zu ordnen und die Zusammenhänge zu durchschauen. Als Erstgeborene der Ordnung und Mutter der Veden, als Nabel der ‚Unsterblichkeit' (=Quelle des Lebens; TB 2,8,8,4) und Genossin Prajāpatis (Kāṭh. 12,5; JB. 2,244) kommt ihr auch eine wichtige Funktion im Schöpfungsprozeß zu.“ (GONDA, 1978, S. 96).

Doch nicht nur im Agnicayana, das Prajāpati regenerieren soll, sondern auch im mentalen Agnihotra hatten *vā́c* und *mánas* eine wichtige Funktion. In Jb 1.19[5] ist die Agnihotra-Kuh *vā́c* und *mánas* ihr Kalb. Das Kalb bringt die Milch der Kuh, symbolisch also die Worte, zum Fließen. „This mind here which comes first is followed by speech“(BODEWITZ, S. 63, Jb 1.19). Wie im Wettstreit zwischen *mánas* und *vā́c* ist hier *mánas* die **Rede** verwirklichende Kraft. Der Melkpfosten ist das Herz, und die Fessel ist der Atem, der *mánas* und *vā́c* miteinander verbindet.

Anschließend wird im Text Jb 1.19 das angestrebte Ziel genannt. König Janaka von Videha befragt Yājñavalkya nach dem beim Agnihotra

---

[5] Vgl. die Parallelfassung ŚB 11.3.1.1.-8 MāR, 11.3.1.4 KāR und generell BODEWITZ, 1973, S. 62ff.

üblichen Guß. Yājñavalkya antwortet entsprechend: Milch. Janaka fragt ihn dann, womit er opferte, wäre keine Milch vorhanden. Am Ende dieser Art der Befragung, mit wechselnden Opfergußingredienzien als Substitut für die Milch, konstatiert Yājñavalkya: „Then, indeed, there would be nothing at all here, and yet there would be offered here, namely, truth in faith"(BODEWITZ, 1973, S. 63). In Jb 1.20 wird dann beschrieben, wie der Reisende seine häuslichen Feuer ersetzen kann. Dies geschieht durch *mánas*, die schnellste Lebenskraft. Mit ihr kann er sich nach Hause versetzen, so daß es ist, als sei er nie weggegangen. Sollte er auf einer Reise das morgendliche und abendliche Agnihotra vergessen, so dient als Substitut eine weitere, die wichtigste Lebenskraft: *prāṇa*! „For as long he breathes with breath so long he offers the agnihotra" (BODEWITZ, 1973, S. 64).

Bodewitz unterscheidet zwischen dem Agnihotra[6], dem mentalen Agnihotra[7] und dem *prāṇāgnihotra*[8]. Jb 1.19, das Sprechen der Wahrheit, ist nach Bodewitz wie folgt zu verstehen:

> „The truth doctrine is not a real mental sacrifice (which would require the performance in thought of fixed ritual actions at a fixed time), it is rather a special way of live implying the speaking of truth, the search for truth and the meditation on truth to be compared with *tapas*. It is the superior, alternative „ritual"of the non-sacrificer. Being prescribed for the whole life (at least only ending with death) this search for truth as the substitute of the sacrifice could not but be connected with the agnihotra. As such (in view of the general image of the **lifelong** agnihotra and not of the fixed morning and evening performances) the practice of truth may be regarded as a mental agnihotra." (BODEWITZ, 1973, S. 236f).

Das Agnihotra wird im mentalen Agnihotra und im *prāṇāgnihotra* deritualisiert[9]. Auffallend ist: In einem antiritualistischen Kontext dominiert *mánas* über *vā́c*. Über diesen Umstand und seine soziologische Relevanz wird unten noch näher einzugehen sein. Zuerst soll die naturphilosophische Bedeutung der Überlegenheit des *mánas* im Wettstreit betrachtet werden.

---

[6] S. BODEWITZ, 1973, z.B. S. 215-218.

[7] Ebd., u.a. S. 231 (*pravāsa-agnihotra*).

[8] Ebd., S. 213, 218, 254, 257.

[9] Ebd., S. 217.

Naturphilosophische Ebene

Daß ein Gedanke, der durch die Rede zum Ausdruck kommt, zuvor vom *mánas* erfaßt sein muß, ist elementar naturphilosophisch, weil eine rein empirische Beobachtung zugrundeliegt. Trotz der im rituellen Kontext herausragenden Bedeutung der *vā́c* werden ausschließlich rationale Gesichtspunkte bei der Entscheidung des Streites berücksichtigt, und das ungeachtet der nun wieder auf die mythologisch/rituelle Ebene rekurrierenden Verweigerung der Opfertätigkeit. Das rationale Denken tritt dem magisch/ritualistischen Denken entgegen. Insofern erscheint die zuvor gemachte Ausführung über ein zur Zeit des ŚB bestehendes mentales Agnihotra in neuem Licht. Durch *mánas* kann ein Opfersubstitut hergestellt werden. Es kann für den Wettstreit zwischen *mánas* und *vā́c* nicht unterstellt werden, daß auf ein mentales Agnihotra Bezug genommen wird, wohl aber liegen rationale Erwägungen zugrunde, deren Inhalte sich im mentalen Agnihotra von Jb 1.19 und 10 wiederfinden. Ebenfalls lassen sich bei der Betrachtung des mentalen Agnihotra und des *prāṇāgnihotra* sowie des Wettstreites zwischen *mánas* und *vā́c* vergleichbare soziologische Rückschlüse ziehen.

Soziologische Ebene

mánas ist *śreyas* (und in seiner *śrī́* besitzenden Eigenschaft *bhadrá*) und *vā́c pā́pīyas*. *śréyas* steht für den „Herrschenden" in der zweiteiligen Gesellschaftsordnung der Brāhmaṇa-Zeit, *vā́c* für den „Untergebenen" bzw. hier speziell für den opferpriesterlichen Brahmanen. D. h., in Form der vorliegenden Fabel wird in einem Konfliktfall eine Vorrangstellung der Kṣatriyas auf rationalem, naturphilosophischem Gebiet mit Auswirkungen auf die rituelle Praxis konstatiert. Die nach HEESTERMAN eheähnliche Verbindung zwischen Kṣatriyas und Brahmanen, wie sie auf der (mythologischen) Ebene der Fabel auch zwischen *mánas* und *vā́c* nachzuweisen war, wird auf dem rationalen Sektor zu Gunsten einer Vorrangstellung der Kṣatriyas verschoben.

Parallel hierzu konnte BODEWITZ bei der Weiterentwicklung des agnihotra zum *prāṇāgnihotra* und hinsichtlich des Verhältnisses zwischen Kṣatriyas und Brahmanen feststellen:

> „One of the most important factors in this development of kṣatriya influence may have been the fact that discussions on the ritual and on religion in general (the *brahmodyas*) seem to have been delivered in the *sabhā* of the king who was not only the institutor of sacrifices, but also of debates (on these rites).

> Apparently the kṣatriyas did not always hold themselves aloof, but took an interest in those subjects which were not too technical. Their increasing participation in the debates (and the required preparatory studies), their obvious concentration on the less ritualistic and consequently more progressive subjects and the consequential, incidental victories over some less advanced brahmins in the debates may have created the theme of kṣatriya-overtrumps-brahmin or kṣatriya-teaches-brahmin.“ (BODEWITZ, 1973, S. 216).

Wie bereits oben erwähnt, stellte er ebenfalls fest, daß eine Deritualisierung beim Agnihotra, die beim *prāṇāgnihotra* fortgesetzt wurde, stattfand (ebd., S. 217). Diese Entwicklung wird vor dem Hintergrund der Besiedlung der östlichen Gangesebene und dem „brahmanischen Vakuum“ in diesem Gebiet verständlich und nachvollziehbar (s. S. 13). Beim Wettstreit der Lebenskräfte wird sich zeigen, daß sich diese Tendenz verstärkt und in BĀU 5.1 hierauf eine Reaktion der Brahmanen erfolgt, ähnlich wie in ŚB 1.4.5.8-12 die Drohung der *vā́c* an Prajāpati, keine Opferträgerin mehr sein zu wollen. Insofern ist die Entwicklung eines mentalen Agnihotra bzw. *prāṇāgnihotra* eine Reaktion auf diese dem magisch/rituellen Weltbild verhafteten Anschauungen.

1. Zusammenfassung

Der Verfasser wählte die Form einer Fabel, um zu begründen (aitiologisch), warum beim Opfer für Prajāpati leise gesprochen wird. Die rein rationale Aussage, der die Überlegung zugrundeliegt, daß die Tätigkeit des *mánas* dem Sprechen vorangeht, ist in eine Fabel gekleidet. Die rationale Argumentation und der eindeutige Bezug zur weltlichen Macht (Kṣatriya) sind kennzeichnend für den Wettstreit zwischen *mánas* und *vā́c*. Die jüngeren Fabeln des Wettstreites der Lebenskräfte sind nachfolgend zu untersuchen.

5. Die Wind-Atem-Lehre in den Fabeln vom Wettstreit der Lebenskräfte

Die bekannteste Form der Wind-Atem-Lehre existiert in den Fabeln des Wettstreites der Lebenskräfte, überliefert in:

1. ChU 5.1-2 ≠ BĀU 6.1[1] ≠ ŚĀ 9[2]
2. BĀU 1.5.21-23
3. KauU 2.14
4. PrU 2.1-4

Diese Fabeln sollen nacheinander hinsichtlich ihres naturphilosophischen Gehaltes untersucht werden.

---

1 Bei der Bearbeitung der Paralltexte werden Teile der Rührtrankzeremonie (ChU 5.2.3, 5.2.6, BĀU 6.3.1, 6.3.5, 6.3.7), soweit es der Kontext verlangt, mitberücksichtigt. Zur (Wind-)Atem-Lehre allgemein s. auch FRAUWALLNER, 1992, S. 37-49.

2 Diese Version ist teilweise identisch mit ChU 5.1-2 und BĀU 6.1 (MāR 6.2), enthält aber keinen Wettstreit.

Zum Charakter der ŚĀ sei folgendes angemerkt: „While the term brāhmaṇa refers, in Vedic parlance, to the elucidation, exegesis and supplementation of Vedic mantras and of the ideas contained in them, the Brāhmaṇa texts attached to the different Vedic Saṃhitās elucidate select mantras and set out related ritualistic and esoteric matters. The āraṇyakas form a continuation of their respective Brāhmaṇas and sometimes incorporate into themselves Upaniṣadic texts. The Śāṅkhāyana-Āraṇyaka exemplifies both these aspects. Thus, while it continues the subject of the Śāṅkhāyana-Brahmaṇa, some manuscripts of the work even number the first two chapter of the Āraṇyaka in continuation of the last chapter of the Brāhmaṇa. Two Upaniṣads, current also as independent texts are also included in the Śāṅkhāyana-Āraṇyaka, viz. Kauṣītaki-Upaniṣad, begin its chs. III-VIII. A brief idea of the contents of the Āraṇyaka might be given here. ...“ (B. DEV, 1980, S. IX.).

A. Die Fabel in den drei Parallelversionen ChU 5.1–2.2 ≠ BĀU 6.1 ≠ ŚĀ 9

1. Text

ChU	*BĀU KāR.*	*ŚĀ*
		oṃ
		tat savitur vṛṇīmahe
		vayaṃ devasya bhojanam/
		śreṣṭhaṃ
		sarvadhātamaṃ
		turaṃ bhagasya
		dhīmahi
		//(ṚV 5.82.1)
		tat savitur vareṇyaṃ
		bhargo devasya
		dhīmahi/
		dhiyo yo naḥ
		pracodayāt
		//(ṚV 3.62.10)
		adabdhaṃ mana iṣiraṃ
		cakṣuḥ sūryo
		jyotiṣāṃ śreṣṭhaḥ/
		dīkṣe mā
		mā hiṃsīḥ
		//ŚĀ 9.1//
1. Teil	***1. Teil***	***1. Teil***
a) yo ha vai	*a) yo ha vai*	*a) yo ha vai*
jyeṣṭhaṃ ca	*jyeṣṭhaṃ ca*	*jyeṣṭhaṃ ca*
śreṣṭhaṃ	*śreṣṭhaṃ*	*śreṣṭhaṃ*
ca veda	*ca veda*	*ca veda*
b) jyeṣṭhaś	*b) jyeṣṭhaś*	*b) jyeṣṭhaś*
ca ha vai	*ca*	*ca ha vai*
śreṣṭhaś	*śreṣṭhaś*	*śreṣṭhaś*
ca bhavati/	*ca svānāṃ bhavati/*	*ca svānāṃ bhavati/*
c) prāṇo vāva	*c) prāṇo vai*	*c) prāṇo vai*
jyeṣṭhaś ca	*jyeṣṭhaś ca*	*jyeṣṭhaś ca*
śreṣṭhaś ca	*śreṣṭhaś ca*	*śreṣṭhaś ca/*
//ChU 5.1.1//	*svānāṃ bhavati/*	
	d) jyeṣṭhaś ca	
	śreṣṭhaś ca	
	svānāṃ bhavati/	
	d')api ca yeṣāṃ	
	bubhūṣati/	
	ya evaṃ veda	
	//BĀU 6.1.1//	

a) yo ha vai vasiṣṭhaṃ veda b) vasiṣṭho ha svānāṃ bhavati/ c) vāg vāva vasiṣṭhaḥ //ChU 5.1.2//	*a) yo ha vai vasiṣṭhāṃ veda b) vasiṣṭhaḥ svānāṃ bhavati/ c) vāg vai vasiṣṭhā/ d) vasiṣṭhaḥ svānāṃ bhavati/ d')api ca yeṣāṃ bubhūṣati*[3]*/ e) ya evaṃ veda //BĀU 6.1.2//*	*a) yo ha vai vasiṣṭhāṃ veda b) vasiṣṭho ha svānāṃ bhavati c) vāg vai vasiṣṭhā*
a) yo ha vai pratiṣṭhāṃ veda b) prati ha tiṣṭhaty asmiṃś ca loke ' muṣmiṃś ca/ c)cakṣur vāva pratiṣṭhā //ChU 5.1.3//	*a) yo ha vai pratiṣṭhāṃ veda b) pratitiṣṭhati same/ pratitiṣṭhati durge/ c) cakṣur vai pratiṣṭhā/ c') cakṣuṣā hi same ca durge ca pratitiṣṭhati/ d) pratitiṣṭhati same pratitiṣṭhati durge e) ya evaṃ veda //BĀU 6.1.3//*	*a) yo ha vai pratiṣṭhāṃ veda b) prati ha tiṣṭhaty asmiṃś ca loke 'muṣmiṃś ca c) cakṣur ha pratiṣṭhā*
a) yo ha vai saṃpadaṃ veda b) saṃ hâsmai kāmāḥ padyante daivāś ca mānuṣāś ca/ c) śrotraṃ vāva saṃpat //ChU 5.1.4//	*a) yo ha vai saṃpadaṃ veda b) saṃ hâsmai padyate yaṃ kāmaṃ kāmayate/ c) śrotraṃ vai saṃpat/ c') śrotre hîme sarve vedā abhisaṃpannāḥ/ d) saṃ ha asmai padyate yaṃ kāmaṃ kāmayate/ e) ya evaṃ veda //BĀU 6.1.4//*	*a) yo ha vai saṃpadaṃ veda b) saṃ ha 'smai kāmāḥ padyante c) śrotraṃ ha vā u saṃpat*

[3] d' ist in der MāR nicht enthalten.

a) yo ha vā	*a)yo ha vā*	*a) yo ha vā*
āyatanaṃ veda	*āyatanaṃ veda*	*āyatanaṃ veda*
b) āyatanaṃ ha	*b) āyatanaṃ*	*b) āyatano ha*
svānāṃ bhavati/	*svānāṃ bhavati/*	*svānāṃ bhavati*
	b')āyatanaṃ	
	janānāṃ	
c) mano ha vā	*c)mano vā*	*c) mano vā*
āyatanam	*āyatanaṃ/*	*āyatanam/*
//ChU 5.1.5//	*d) āyatanam*	
	svānāṃ bhavaty	
	d') āyatanaṃ	
	janānāṃ/	
	e) ya evaṃ veda	
	//BĀU 6.1.5//	
	a) yo ha vai	
	prajātiṃ[4] *veda*	
	b) prajāyate ha[5]	
	prajayā paśubhiḥ/	
	c) reto vai	
	prajātiḥ/[6]	
	d) prajāyate ha[7]	
	prajayā paśubhiḥ/	
	e) ya evaṃ veda	
	//BĀU 6.1.6//	

[4] An dieser Stelle steht in der MāR. **Prajāpatim**.

[5] *ha* steht nicht in der MāR

[6] Hier steht ebenfalls in der MāR. **Prajāpatiḥ**.

[7] *ha* steht nicht in der MāR

2. Teil	*2. Teil*	*2. Teil*
atha ha prāṇā	*te hême prāṇā*	
ahaṃśreyasi	*ahaṃśreyase*	
vyūdire/	*vivadamānā*	
ahaṃ śreyān		
asmy ahaṃ śreyān		
asmîti		
//ChU 5.1.6//		
te ha prāṇāḥ		*atha hemā devatāḥ*
prajāpatiṃ pitaram	*brahma jagmuḥ/*	*prajāpatiṃ pitaram*
etyôcuḥ	*tad dhôcuḥ*	*etyâbruvan*
bhagavan ko naḥ	*ko no*	*ko vai naḥ*
śreṣṭha iti/	*vasiṣṭha iti/*	*śreṣṭha iti/*
tān hôvāca	*tad dhôvāca:*	*sa hôvāca prajāpatiḥ*
yasmin va	*yasmin va*	*yasmin va*
utkrānte	*utkrānta*	*utkrānte*
śarīraṃ	*idaṃ śarīraṃ*	*śarīraṃ*
pāpiṣṭhataram	*pāpīyo*	*pāpiṣṭham*
iva dṛśyeta	*manyate*	*iva manyeta*
sa vaḥ	*sa vo*	*sa vai*
śreṣṭha iti	*vasiṣṭha iti*	*śreṣṭha iti*
//ChU 5.1.7//	*//BĀU 6.1.7//*	*//ŚĀ 9.2//*
sā ha vāg	*vāg gha-*	*sā ha vāg*
uccakrāma/	*uccakrāma/*	*uccakrāma*
sā saṃvatsaraṃ	*sā saṃvatsaraṃ*	
proṣya	*proṣya-*	
paryetyôvāca:	*āgatyôvāca*	
katham aśakata	*katham aśakata*	
rte maj	*mad ṛte*	
jīvitum iti/	*jīvitum iti/*	
	te hôcuḥ:	
yathā kalā	*yathā kalā*[8]	*yathā mūkā*
avadantaḥ	*avadanto vācā*	*avadantaḥ*
prāṇantaḥ prāṇena	*prāṇantaḥ prāṇena*	*prāṇantaḥ prāṇena*
paśyantaś cakṣuṣā	*paśyantaś cakṣuṣā*	*paśyantaś cakṣuṣā*
śṛṇvantaḥ śrotreṇa	*śṛṇvantaḥ śrotreṇa*	*śṛṇvantaḥ śrotreṇa*
dhyāyanto manasā-	*vidvāṃso manasā*	*dhyāyanto manasā-*
	prajāyamānā retasā-	
evam iti/	*evam ajīviṣmêti/*	*evam iti*
praviveśa ha	*praviveśa ha*	
vāk	*vāk*	
//ChU 5.1.8//	*//BĀU 6.1.8//*	*//ŚĀ 9.3//*
cakṣur	*cakṣur*	*cakṣur*

[8]In der MāR. steht hier *kaḍāḥ avadanto vācā.*

hôccakrāma/	*hôccakrāma/*	*hôccakrāma*
tat saṃvatsaraṃ	*tat saṃvatsaraṃ*	
proṣya	*proṣya-*	
paryetyôvāca	*āgatyôvāca*	
katham aśakata	*katham aśakata*	
rte maj	*mad ṛte*	
jīvitum iti./	*jīvitum iti/*	
	te hôcuḥ	
yathā 'ndhā	*yathā 'ndhā*	*yathā 'ndhā*
apaśyantaḥ	*apaśyantaś cakṣuṣā*	*apaśyantaḥ*
prāṇantaḥ prāṇena	*prāṇantaḥ prāṇena*	*prāṇantaḥ prāṇena*
vadanto vācā	*vadanto vācā*	*vadanto vācā*
śṛṇvantaḥ śrotreṇa	*śṛṇvantaḥ śrotreṇa*	*śṛṇvantaḥ śrotreṇa*
dhyāyanto manasā-	*vidvāṃso manasā*	*dhyāyanto manasā-*
	prajāyamānā retasā-	
evam iti/	*evam ajīviṣmêti/*	*evam iti*
praviveśa ha	*praviveśa ha*	
cakṣuḥ	*cakṣuḥ*	
//ChU 5.1.9//	*//BĀU 6.1.9//*	*//ŚĀ 9.4//*

śrotraṃ	*śrotraṃ*	*śrotraṃ*
hôccakrāma/	*hôccakrāma/*	*hôccakrāma/*
tat saṃvatsaraṃ	*tat saṃvatsaraṃ*	
proṣya	*proṣya*	
paryetyôvāca	*āgatyôvāca*	
katham aśakata	*katham aśakata*	
rte maj	*mad ṛte*	
jīvitum iti/	*jīvitum iti/*	
	te hôcuḥ	
yathā badhirā	*yathā badhirā*	*yathā badhirā*
aśṛṇvantaḥ	*aśṛṇvantaḥ śrotreṇa*	*aśṛṇvantaḥ*
prāṇantaḥ prāṇena	*prāṇantaḥ prāṇena*	*prāṇantaḥ prāṇena*
vadanto vācā	*vadanto vācā*	*vadanto vācā*
paśyantaś cakṣuṣā	*paśyantaś cakṣuṣā*	*paśyantaś cakṣuṣā*
dhyāyanto manasā-	*vidvāṃso manasā*	*dhyāyanto manasā-*
	prajāyamānā retasā-	
evam iti	*evam ajīviṣmêti/*	*evam iti*
praviveśa ha	*praviveśa ha*	
śrotram	*śrotram*	
//ChU 5.1.10//	*//BĀU 6.1.10//*	*//ŚĀ 9.5//*

mano	*mano*	*mano*
hôccakrāma/	*hôccakrāma/*	*hôccakrāma*
tat saṃvatsaraṃ	*tat saṃvatsaraṃ*	
proṣya	*proṣya*	
paryetyôvāca	*āgatyôvāca*	
katham aśakata	*katham aśakata*	
rte maj	*mad ṛte*	

jīvitum iti/	*jīvitum iti/*	
	te hôcuḥ:	
yathā bālā	*yathā mugdhā*	*yathā bālā*
amanasaḥ	*avidvāṃso manasā*	*amanasaḥ*
prāṇantaḥ prāṇena	*prāṇantaḥ prāṇena*	*prāṇantaḥ prāṇena*
vadanto vācā	*vadanto vācā*	*vadanto vācā*
paśyantaś cakṣuṣā	*paśyantaś cakṣuṣā*	*paśyantaś cakṣuṣā*
śṛṇvantaḥ śrotreṇa-	*śṛṇvantaḥ śrotreṇa*	*śṛṇvantaḥ śrotreṇa-*
	prajāyamānā retasā-	
evam iti/	*evam ajīviṣmêti/*	*evam iti*
praviveśa ha	*praviveśa ha*	
manaḥ	*manaḥ*	
//ChU 5.1.11//	*//BĀU 6.1.11//*	*//ŚĀ 9.6//*
	reto	
	hôccakrāma	
	tat saṃvatsaraṃ	
	proṣya-	
	āgatyôvāca	
	katham aśakata	
	mad ṛte	
	jīvitum iti/	
	te hôcuḥ	
	yathā klībā	
	aprajāyamānā retasā	
	prāṇantaḥ prāṇena	
	vadanto vācā	
	paśyantaś cakṣuṣā	
	śṛṇvantaḥ śrotreṇa	
	vidvāṃso manasā-	
	evam ajīviṣmêti/	
	praviveśa ha	
	retaḥ	
	//BĀU 6.1.12//	
atha ha prāṇa	*atha ha prāṇa*	*prāṇo ha-*
uccikramiṣan sa	*utkramiṣyan*	*uccakrāma/ tatas tad*
yathā suhayaḥ	*yathā mahāsuhayaḥ*	*yathêha saindhavaḥ suhayaḥ*
	saindhavaḥ	
paḍvīśaśaṅkūn	*paḍvīśaśaṅkūn*	*paḍbīśaśaṅkūn*
saṃkhided evam	*saṃvṛhed evaṃ hâiva*	*saṃkhided evam*
itarān prāṇān	*imān prāṇān*	*asau prāṇān*
samakhidat/	*saṃvavarha/*	*samakhidat*
taṃ ha -	*te ha-*	*te ha-*
abhisametyôcuḥ/	*ūcuḥ*	*sametyôcuḥ*
bhagavann edhi[9]*/*		
tvaṃ naḥ śreṣṭho 'si/		
môtkramīr iti	*mā bhagava utkramīḥ/*	*bhagavan mâutkramīr iti*

//ChU 5.1.12//	*na vai śakṣyāmas*
	tvad ṛte jīvitum iti/
	tasya-[10]
	u me baliṃ kurutêti/
	tathêti
	//BĀU 6.1.13//
atha hâinaṃ	*sa ha*
vāg uvāca	*vāg uvāca*
yad ahaṃ	*yad vā ahaṃ*
vasiṣṭho 'smi	*vasiṣṭho 'smi*
tvaṃ tad	*tvaṃ tad*
vasiṣṭho 'sîti/	*vasiṣṭho 'sîti/*
atha hâinaṃ	
cakṣur uvāca	
yad ahaṃ	*yad vā ahaṃ*
pratiṣṭhā 'smi	*pratiṣṭhā 'smi*
tvaṃ tat	*tvaṃ tat*
pratiṣṭhā 'sîti	*pratiṣṭho 'sîti*
//ChU 5.1.13//	*cakṣuḥ/*
atha hâinaṃ	
śrotram uvāca	
yad ahaṃ	*yad vā ahaṃ*
saṃpad asmi	*saṃpad asmi*
tvaṃ tat	*tvaṃ tat*
saṃpad asîti/	*saṃpad asîti*
	śrotram/
atha hâinaṃ	
mana uvāca	
yad aham	*yad vā aham*
āyatanam asmi	*āyatanam asmi*
tvaṃ tad	*tvaṃ tad*
āyatanam asîti	*āyatanam asîti*
	manaḥ/
//ChU 5.1.14//	
	yad vā aham
	prajātir asmi
	tvaṃ tat
	prajātir asîti
	retaḥ/

[9] BÖHTLINGK, 1889b, konjizierte hier *ehi. edhi*, „du mußt (es) sein!", gibt jedoch einen trefflichen Sinn.

[10] In der MāR. steht statt u vai.

na vai vāco
na cakṣūṃṣi
na śrotrāṇi
na manāṃsi
ity ācakṣate/
prāṇā ity
evâcakṣate/
prāṇo hy eva
etāni sarvāṇi
bhavati
//ChU 5.1.15//

3. Teil	**3. Teil**	**3. Teil**
sa hôvāca		*sa hôvāca prāṇaḥ*
kiṃ me 'nnaṃ	*tasyô me kim annaṃ*	*kiṃ me 'nnaṃ*
bhaviṣyatîti/	*kiṃ vāsa iti/*	*bhaviṣyatîti*
yat kiṃcid idaṃ	*yad idaṃ kiṃca-*	*yat kiṃcā*
ā śvabhya	*ā śvabhya*	*„ śvabhya ivā*
ā śakunibhya iti	*ā kṛmibhya*[11] *ā*	*„ śakunibhya iti*
hôcuḥ/	*kīṭapataṅgebhyas*	
	tat te 'nnam/	
	āpo vāsa iti/	
tad vā etad		
anasyânnam/		
ano ha vai prāṇasya		
nāma pratyakṣam/		
na ha vā	*na ha vā asya*	
evaṃvidi kiṃcana	*anannaṃ jagdhaṃ bhavati*	
anannaṃ bhavatîti	*nânannaṃ*	
//ChU 5.2.1//	*pratigṛhîtaṃ*	
	ya evam etad	
	anasyânnaṃ veda/	
sa hôvāca		
kiṃ me vāso		*kiṃ me vāso*
bhaviṣyatîti/		*bhaviṣyatîti*
āpa iti hôcuḥ/		*āpa iti hôcuḥ/*
tasmād vā	*tad vidvāṃsaḥ śrotriyā*	*tasmād vā*
etad aśiṣyantaḥ	*aśiṣyanta*	*ayam aśiṣyan*
purastāc ca-	*ācāmanty aśitvā-*	*purastāc-*
upariṣṭāc ca-	*ācāmanti/*	*côpariṣṭāc ca-*
adbhiḥ paridadhati/		*adbhiḥ paridadhāti/*
[12] *lambhuko ha*		*lambhuko hā 'sya*
vāso bhavati/	*etam eva*	*vāso bhavati*
anagno ha bhavati	*tad anam anagnaṃ*	*anagno ha bhavati/*

[11] In der MāR *krimibhyaḥ*.

//ChU 5.2.2//	*kurvanto manyante*	
	// BĀU 6.1.14[13]*//*	
tad dhâitat satyakāmo	*taṃ hâitam uddālaka*	*tad dha smâitat satyakāmo*
jābālo	*āruṇir vājasaneyāya*	*jābālo*
gośrutaye	*yājñavalkyāya-*	*gośrute*
vaiyāghrapadyā-	*antevāsina*	*vaiyāghrapadyā-*
yôktvôvāca	*uktvôvāca*	*yôktvôvāca*
yady apy enac	*api ya enaṃ*	*apy evaṃ*
chuṣkāya	*śuṣke*	*śuṣkasya*
sthāṇave	*sthāṇau*	*sthāṇoḥ*
brūyāj jāyerann-	*niṣiñcej jāyerañ*	*prabrūyāj jāyeran*
evâsmiñ chākhāḥ	*chākhāḥ*	*asya śākhāḥ*
praroheyuḥ	*praroheyuḥ*	*praroheyuḥ*
palāśānîti	*palāśānîti*	*palāśānîti*
//ChU 5.2.3//	*//BĀU 6.3.7*[14]*//*	
		vanaspate śatavalśo
		viroheti
		dyām mā
		lekhīr antarikṣaṃ
		mā mā hiṃsīr iti
		ha yajñavalkyaḥ
		//ŚĀ 9.7//
atha yadi	*sa yaḥ kāmayeta*	*atha yadi*
mahaj jigamiṣet	*mahat prāpnuyām ity*	*mahaj jigamiṣet*
amāvāsyāyāṃ		
dīkṣitvā	*udagayana*	*trirātraṃ dīkṣitvā*
paurṇamāsyāṃ	*āpūryamāṇapakṣasya*	*'māvāsyāyāṃ*
rātrau	*puṇyāhe*	
sarvauṣadhasya	*dvādaśaham*	*sarvauṣadhasya*
manthaṃ	*upasadvratī*	*manthaṃ*
dadhimadhunor		*dadhimadhubhyām*
upamathya		*upamanthyā-*
... ChU 5.2.4	*... BĀU 6.3.1*	*... ŚĀ 9.8*
atha	*athâinam*	
pratisṛpyâñjalau	*udyacchaty*	
mantham		
ādhāya japati		
amo nāmâsi/	*āmaṃsyāmaṃhi*[15]	

[12] Hier lege ich die Ausgabe von Keith, 1909, S. 316, zugrunde. Bhim Dev hsat ein durch ChU beeinflußtes Manuskript in dem *dadhati* steht.

[13] In der MāR folgt noch: *tasmād evaṃvid aśiṣyann ācāmed aśitvâcāmed etam eva tad anam anagnaṃ kurute.*

[14] Dieser Abschnitt erscheint erst am Ende der Rührtrankzeremonie in BĀU 6.3.7.

amā hi te sarvam idaṃ/	*te mahi/*
sa hi jyeṣṭhaḥ	
śreṣṭho	
rājā	*sa hi rājeśāno*
'dhipatiḥ/	*'dhipatiḥ/*
sa mā	
jyaiṣṭhyaṃ	
śraiṣṭhyaṃ	
rājyam	*sa māṃ rājeśāno*
ādhipatyaṃ gamayatu/	*'dhipatim karotv iti*
aham evêdaṃ	*//BĀU 6.3.5//*
sarvam asānîti	
//ChU 5.2.6//	

[15]Zur Lesart der MāR *amo 'si āma hi te mahi* s. S. 94

2. Übersetzung

ChU

BĀU

ŚĀ 9

„Dieses Labsal
des Gottes
Savitṛ erbitten
wir für uns;
wir möchten
den höchsten,
alles gewährenden
Vorzug des
Bhaga erlangen.“
(GELDNER,
1951,ṚV 5.82.1)
„Dieses vorzügliche
Licht des Gottes
Savitṛ empfingen wir,
der unsere Gedanken
anregen soll.“
(GELDNER, 1951, ṚV 3.62.10)
Er ist der
untrügliche Gedanke,
das schnelle
Sehvermögen,
die Sonne, unter
den Lichtern
das Vorzüglichste.
Ich weihe mich dir,
damit du (mich)
nicht verletzt.

ChU

1. Teil
a) Wer sowohl den
Vorzüglichsten als
auch den Besten
kennt,
b) der wird fürwahr
sowohl der
Vorzüglichste
als auch der
Beste.
c) Der *prāṇa* ist
wahrlich
sowohl der Vorzüglichste
als auch der Beste.
ChU 5.1.1

BĀU

1. Teil
a) Wer sowohl den
Vorzüglichsten als
auch den Besten
kennt,
b) der wird fürwahr
sowohl der
Vorzüglichste
als auch der
Beste unter den Seinen.
c) Der *prāṇa* ist
wahrlich
sowohl der Vorzüglichste
als auch der Beste.
d) Es wird sowohl
der Vorzüglichste

SĀ

1. Teil
a) Wer sowohl den
Vorzüglichsten als
auch den Besten
kennt,
b) der wird fürwahr
sowohl der
Vorzüglichste
als auch der
Beste unter den Seinen.
c) Der *prāṇa* ist
wahrlich
sowohl der Vorzüglichste
als auch der Beste.

	als auch der Beste unter den Seinen, d‘)und auch unter welchen er es werden will, e) wer solches weiß. BĀU 6.1.1	
a) Wer den Reichsten kennt, b) wird der Reichste unter den Seinen. c) Die Rede ist der Reichste. ChU 5.1.2	a) Wer die Reichste kennt, b) wird der Reichste unter den Seinen. c) Die Rede ist die Reichste. d) Es wird der Reichste unter den Seinen, d‘)1- und auch unter welchen er es werden will -1[16], e) wer solches weiß. BĀU 6.1.2	a) Wer die Reichste kennt, b) wird der Reichste unter den Seinen. c) Die Rede ist die Reichste.
a) Wer den festen Stand[17] kennt, b) steht fest sowohl in dieser Welt als auch in jener. c) Das Sehvermögen ist der feste Stand. ChU 5.1.3	a) Wer den festen Stand kennt, b) steht fest auf dem Ebenen, steht fest auf dem Schwerbegehbaren. c) Das Sehvermögen ist der feste Stand, c‘)denn mit dem Sehvermögen steht man fest sowohl auf dem Ebenen als auch auf dem Schwerbegehbaren. d) Es steht fest auf dem Ebenen, es steht fest auf dem Schwerbegehbaren, e) wer solches weiß. BĀU 6.1.3	a) Wer den festen Stand kennt, b) steht fest sowohl in dieser Welt als auch in jener. c) Das Sehvermögen ist der feste Stand.
a) Wer das Gelingen kennt, b) dem gelingen die Wünsche,	a) Wer das Gelingen kennt, b) dem gelingt, welchen Wunsch er	a) Wer das Gelingen kennt, dem gelingen die Wünsche.

[16] 1–1 fehlt in der MāR.

[17] Durch Wissen soll eine feste Basis gefunden werden, die zur Unsterblichkeit führt (GONDA, 1975a, S. 367).

sowohl die göttlichen als auch die menschlichen. c) Das Hörvermögen ist das Gelingen. ChU 5.1.4	sich wünscht. c) Das Hörvermögen ist das Gelingen, c‘) denn ins Hörvermögen sind alle diese Veden gelangt, d) dem gelingt, welchen Wunsch er sich wünscht. e) wer solches weiß. BĀU 6.1.4	 c) Das Hörvermögen ist das Gelingen.
a) Wer den Stützpunkt kennt, b) wird der Stützpunkt für die Seinen. c) Das *manas* ist der Stützpunkt. ChU 5.1.5	a) Wer den Stützpunkt kennt, b) wird der Stützpunkt für die Seinen. b')Stützpunkt [18] für andere Völker. c) Das *manas* ist der Stützpunkt. d) Es wird Stützpunkt für die Seinen, d‘) Stützpunkt für andere Völker, e) wer solches weiß. BĀU 6.1.5	a) Wer den Stützpunkt kennt, b) wird der Stützpunkt für die Seinen. c) Das *manas* ist der Stützpunkt.
	a) Wer die Fortpflanzungskraft [19] kennt,	

[18] *jana* bezeichnet (von der Wurzel *jan* geboren werden) nach dem PW sowohl das Geschöpf, den Menschen, die Person als auch die Leute, das Geschlecht, den Stamm. In den Brāhmaṇas bezeichnet *jana* besonders die „fremden Menschen und als Kollektivum im Sing. die Fremde, die Ferne, in die man nicht ohne gewisse Bedenken zieht, um Ruhm und Reichtümer zu erwerben“(RAU, 1957, S. 64). Da Begriff und Bezeichnungen für ein Land oder Stammesgebiet fehlten, wurde bis in die klassische Zeit der Plural von Völkernamen auch als regionale Bezeichnung verwendet. So konnte *jana* auch fremdes Gebiet, Fremde bedeuten. (s. RAU, 1957, S. 66).

āyatana bezeichnet einen Stützpunkt, einen Ruhepunkt, den Sitz, die Stelle, die Heimat. In den Brāhmaṇas meint es „ ... erstens der Ort, zu dem man von Reisen zurückkehrte, also die Heimstätte. Wer eine solche nicht hatte, mußte in Abhängigkeit bei anderen leben. Ein āyatana gehörte zum Wohlstand. Zugleich haftete dem Wort aber auch die Vorstellung der Festigkeit an. Im Krieg siegte, wer das festere āyatana hatte, während die Partei ohne āyatana unterlag. Eine Kombination der Begriffe Wohnort und fester Platz führt aber auf eine Anlage, die wir im Deutschen mit 'Burg', die Engländer etwa mit ‚stronghold' bezeichnen. Das gewöhnliche altindische Wort dafür ist pur; es wird in der Tat mit āyatana gleichgesetzt.“ (RAU, 1957, S. 127).

Denkt man an die Expansionsbestrebungen der sich bildenden kleinen Fürstentümer (s. S. 11), liegt es nahe, *āyatanaṃ janānām* als „Stützpunkt für andere Völker“ zu übersetzen.

	b) pflanzt sich fort mit Nachkommenschaft, mit Vieh. c) Die Fortpflanzungskraft ist der Same. d) Es pflanzt sich fort mit Nachkommenschaft, mit Vieh, e) wer solches weiß. BĀU 6.1.6	
2. Teil Doch nun stritten die Lebenskräfte über die Vorherrschaft: „Ich bin der Bessere," ich bin der Bessere!" ChU 5.1.6	2. Teil Und jene sich über die Vorherrschaft streitenden Lebenskräfte [20] hier	2. Teil
Die *prāṇa* (Pl.; Lebenskräfte) kamen zu Vater Prajāpati [und] sprachen: „Ehrwürdiger, wer von uns ist der Beste?"	gingen zu Brahman (n.). Zu ihm sagten sie: „Wer von uns ist der Reichste?"	Nun kamen diese Gottheiten zu Vater Prajāpati Sie sprachen: „Wer ist von uns der Beste?"
Zu ihnen sprach er: „Derjenige von euch nach dessen Hinaustreten der (zurückgelassene) Körper gleichsam am übelsten erscheint (*dṛś*), der von euch ist der Beste." ChU 5.1.7	Es sprach: „Derjenige von euch nach dessen Hinausstreten dieser (zurückgelassene) Körper hier gleichsam am elendsten erscheint (*man*), der von euch ist der Reichste." BĀU 6.1.7	Prajāpati sprach: „Derjenige von euch nach dessen Hinaustreten der (zurückgelassene) Körper gleichsam am übelsten erscheint (*man*), der von euch ist der Beste." ŚĀ 9.2
Und die Rede ging hinaus,	Die Rede ging hinaus,	Und die Rede ging hinaus,

[19] Für Fortpflanzungskraft steht in der MāR. Prajāpati.

[20] *ahaṃśreyasa* bedeutet wie *ahaṃśreyas* 'n. ein Vorrang, den man selbst sich anmaßt'; vgl. auch S. 50.

weilte ein Jahr lang	weilte ein Jahr lang	
außerhalb, kam zurück und	außerhalb, kam zurück und	
sprach:	sprach:	
„Wie wart ihr fähig, ohne	„Wie wart ihr fähig, ohne	
mich zu leben?“	mich zu leben?“	
	Sie sprachen:	
„Wie Stumme,	„Wie Stumme,	„Wie Stumme,
nicht sprechend,	nicht sprechend	nicht sprechend,
	mit der Rede,	
atmend durch	atmend durch	atmend durch
den Atem,	den Atem,	den Atem,
sehend durch	sehend durch	sehend durch
das Sehvermögen,	das Sehvermögen,	das Sehvermögen,
hörend durch	hörend durch	hörend durch
das Hörvermögen,	das Hörvermögen,	das Hörvermögen,
denkend durch	wissend durch	denkend durch
das *manas*,	das *manas*,	das *manas*,
	zeugend durch den Samen,	
so.“	so lebten wir.“	so.“
Die Rede	Die Rede	
trat ein.	trat ein.	
ChU 5.1.8	BĀU 6.1.8	ŚĀ 9.3

Das Sehvermögen	Das Sehvermögen	Das Sehvermögen
ging	ging	ging
hinaus,	hinaus,	hinaus,
weilte ein Jahr lang	weilte ein Jahr lang	
außerhalb, kam zurück und	außerhalb, kam zurück und	
sprach:	sprach:	
„Wie wart ihr fähig ohne	„Wie wart ihr fähig ohne	
mich zu leben?“	mich zu leben?“	
	Sie sprachen	
„Wie Blinde,	„Wie Blinde,	„Wie Blinde,
nicht sehend,	nicht sehend	nicht sehend,
	mit dem Sehvermögen,	
atmend durch	atmend durch	atmend durch
den Atem,	den Atem,	den Atem,
redend durch	redend durch	redend durch
die Rede,	die Rede,	die Rede,
hörend durch	hörend durch	hörend durch
das Hörvermögen,	das Hörvermögen,	das Hörvermögen,
denkend durch	Wissende durch	denkend durch
das *manas*,	das *manas*,	das *manas*,
	zeugend durch	
	den Samen,	
so.“	so lebten wir.“	so.“
Das Sehvermögen	Das Sehvermögen	
trat	trat	

ein.	ein.	
ChU 5.1.9	BĀU 6.1.9	ŚĀ 9.4
Das Hörvermögen	Das Hörvermögen	Das Hörvermögen
ging	ging	ging
heraus,	hinaus,	hinaus,
weilte ein Jahr lang	weilte ein Jahr lang	
außerhalb, kam zurück und	außerhalb, kam zurück und	
sprach:	sprach:	
„Wie wart ihr fähig ohne	„Wie wart ihr fähig ohne	
mich zu leben?“	mich zu leben?“	
	Sie sprachen	
„Wie Taube,	„Wie Taube,	„Wie Taube,
nicht hörend,	nicht hörend	nicht hörend,
	mit dem Hörvermögen,	
atmend durch	atmend durch	atmend durch
den Atem,	den Atem,	den Atem,
redend durch	redend durch	redend durch
die Rede,	die Rede,	die Rede,
sehend durch	sehend durch	sehend durch
das Sehvermögen,	das Sehvermögen,	das Sehvermögen,
denkend durch	Wissende durch	denkend durch
das *manas*,	das *manas*,	das *manas*,
	zeugend durch	
	den Samen,	
so.“	so lebten wir.“	so.“
Das Hörvermögen	Das Hörvermögen	
trat	trat	
ein.	ein.	
ChU 5.1.10	BĀU 6.1.10	ŚĀ 9.5
Das *manas*	Das *manas*	Das *manas*
ging	ging	ging
hinaus,	hinaus,	hinaus,
weilte ein Jahr lang	weilte ein Jahr lang	
außerhalb, kam zurück und	außerhalb, kam zurück und	
sprach:	sprach:	
„Wie wart ihr fähig ohne	„Wie wart ihr fähig ohne	
mich zu leben?“	mich zu leben?“	
	Sie sprachen	
„Wie Dumme	„Wie Toren,	„Wie Dumme
ohne *manas*,	Unwissende	ohne *manas*,
	durch das *manas*,	
atmend durch	atmend durch	atmend durch
den Atem,	den Atem,	den Atem,
redend durch	redend durch	redend durch
die Rede,	die Rede,	die Rede,

sehend durch	sehend durch	sehend durch
das Sehvermögen,	das Sehvermögen,	das Sehvermögen,
hörend durch	hörend durch	hörend durch
das Hörvermögen,	das Hörvermögen,	das Hörvermögen,
	zeugend durch	
	den Samen,	
so.“	so lebten wir.“	so.“
Das *manas*	Das *manas*	
trat	trat	
ein.	ein.	
ChU 5.1.11	BĀU 6.1.12	ŚĀ 9.6

	retas	
	ging	
	hinaus,	
	weilte ein Jahr lang	
	außerhalb, kam zurück und	
	sprach:	
	„Wie wart ihr fähig ohne	
	mich zu leben?“	
	Sie sprachen	
	„Wie Eunuchen,	
	nicht zeugend	
	durch *retas*,	
	atmend durch	atmend durch
	den Atem,	den Atem,
	redend durch	redend durch
	die Rede,	die Rede,
	sehend durch	sehend durch
	das Sehvermögen,	das Sehvermögen,
	hörend durch	hörend durch
	das Hörvermögen,	das Hörvermögen,
	Wissende durch	
	das *manas*,	
	so lebten wir.“	
	retas	
	trat	
	ein.	
	BĀU 6.1.13	

Als nun aber der	Als nun aber der	
prāṇa	*prāṇa*	Der *prāṇa*
hinaus-	hinaus-	
gehen wollte,	gehen wollte,	ging hinaus.
da riß er,	da zog er,	Da riß er,
wie ein edles Pferd	wie ein edles Pferd	wie ein edles Pferd

	aus dem Indus-	aus dem Indus-
	gebiet stammend	gebiet stammend
die Pflöcke	die Pflöcke	die Pflöcke
der Fußfesseln	der Fußfesseln	der Fußfesseln
hinausreißen würde,	zusammen hinausziehen würde,	hinausreißen würde,
die anderen prāṇa	die prāṇa	jene *prāṇa*
(Pl.; Lebensträger)	(Pl.; Lebensträger)	(Pl.; Lebensträger)
aus.	zusammen hinaus.	hinaus.
Zu ihm sprachen sie,	Sie sprachen so:	So sprachen sie,
nachdem sie		nachdem sie
zusammengekommen waren:		zusammengekommen waren:
„O Herr, du mußt (es) sein!		
Du bist der Beste von uns.		
Gehe nicht hinaus!“	„Erhabener, gehe nicht hinaus!	„Erhabener, gehe nicht hinaus!“
ChU 5.1.12	Nicht werden	
	wir fähig sein	
	ohne dich zu leben.“	
	„So gebt mir	
	eine Huldigungsgabe!“	
	„So sei es.“	
	BĀU 6.1.13	
Nun sprach	Und die	
zu ihm die Rede:	Rede sprach so:	
„Wenn ich	„Wenn ich	
der Reichste bin,	die Reichste bin,	
dann bist du	dann bist du	
der Reichste.“	der Reichste.“	
Nun sprach		
zu ihm das Sehvermögen:		
„Wenn ich	„Wenn ich	
der feste Stand bin,	der feste Stand bin,	
dann bist du	dann bist du	
der feste Stand“	der feste Stand.“	
ChU 5.1.13	sprach das Sehvermögen.	
Nun sprach		
zu ihm das Hörvermögen:		
„Wenn ich	„Wenn ich	
das Gelingen bin,	das Gelingen bin,	
dann bist du	dann bist du	
das Gelingen.“	das Gelingen.“	
	sprach das Hörvermögen.	
Nun sprach		
zu ihm das *manas*:		
„Wenn ich	„Wenn ich	

der Stützpunkt bin,
dann bist du
der Stützpunkt."
ChU 5.1.14

Nicht „die Reden",
nicht „die Sehvermögen",
nicht „die *manāṃsi*",
sagt man.
„*prāṇa*
(Pl.; Lebenskräfte)", sagt
man,
denn der *prāṇa* wird
zu allen diesen.
ChU 5.1.15

der Stützpunkt bin,
dann bist du
der Stützpunkt."
sprach das *manas*.

„Wenn ich
die Fortpflanzungskraft bin,
dann bist du
die Fortpflanzungskraft."
sprach der Same.

3. Teil Er sprach: „Was wird meine Speise sein ?“ „Was auch immer hier ist, bis zu den Hunden, bis zu den Vögeln.“	3. Teil „Was ist dann für mich Speise, was Kleidung?“ „Was auch immer hier ist, bis zu den Hunden, bis zu den Würmern und Insekten, das ist deine Speise. Wasser ist die Kleidung.“	3. Teil Der *prāṇa* sprach: „Was wird meine Speise sein? „Was auch immer hier von den Hunden bis zu den Vögeln ist.“
So ist dies des Atem (*ana*) Speise (*anna*). *ana* ist so der offen vor Augen liegende Name für *prāṇa*. Wenn einer das so weiß, dann ist für ihn nichts Nicht-Speise.“ ChU 5.2.1	Weder ist für einen Nicht-Speise gegessen, noch Nicht-Speise umhüllt worden, der eben diese, des *prāṇa*, Speise kennt.	
Er sprach: „Was wird meine Kleidung sein?“ „Die Wasser,“ sprachen sie. Daher möchten die, die essen wollen, sie (die Speise) sowohl vorher als auch nachher mit Wasser umgeben. So pflegt er Kleidung zu erhalten. Ein Nicht-Nackter ist er.“ ChU 5.2.2	Daher schlürfen die Wissenden, mit Gehörtem vertraute [=Gelehrte], bevor sie essen werden, (und) schlürfen, nachdem sie gegessen haben. [21] Damit meinen sie, *ana* (*prāṇa*) zu einem Nicht-Nackten (*anagna*) zu machen. BĀU 6.1.14	„Was wird meine Kleidung sein?“ „Die Wasser“, sprachen sie. Daher möchte der hier, der essen will, sie (die Speise) sowohl vorher als auch nachher mit Wasser umgeben. So pflegt er Kleidung zu erhalten. Ein Nicht-Nackter ist er.

Nachdem dies nun Satyakāma Jābāla dem Gośruti Vaiyāghrapadya gesagt hatte, sprach er: „Wenn er dies selbst einem trockenen Baumstumpf sagen würde, entstünden auf ihm Äste, wüchsen Blätter.“ ChU 5.2.3	... Nachdem nun Uddālaka Āruṇi eben diesen [22] Yajñavalkya seinem Schüler sagte, sprach er: „Wenn seinerseits einer diesen (den Rührtrank) auf einen trockenen Baumstumpf träufeln würde, entstünden Äste, wüchsen Blätter .“ BĀU 6.3.7	Genau das Vorige sagte Satyakāma Jābāla dem Gośruti Vaiyāghrapadya und sprach: „Wenn einer so zu einem trockenen Baumstumpf sprechen würde, dessen Äste entstünden, dessen Blätter wüchsen.“ „O hundertästiger Baum wachse, berühre nicht den Himmel, damit mich der Luftraum nicht verletzt,“ sagte Yājñavalkya. ŚĀ 9.7
Wenn nun einer zu etwas Großem zu gelangen wünscht, quirlt er, nachdem er in der Neumondnacht geweiht worden ist, in der Vollmondnacht einen Rührtrank aus allerlei Kräutern in saurer Milch und Honig [und sagt:] ... Nun schleicht er zurück, den Rührtrank	Wer sich wünscht: „Zu Großem möchte ich gelangen.“, macht beim Gang der Sonne nach Norden an einem glückverheißenden Tag der Monatshälfte, in der der Mond zunimmt, an einem glückverheißenden Tag, eine zwölf Tage dauernde Upasad-Zeremonie. BĀU 6.3.4 ...	Wenn nun einer wünscht, Großes zu erlangen, nachdem er während dreier Tage und Nächte geweiht worden ist, er in der Neumondnacht einen Trank aus allen Kräutern, von saurer Milch und Honig gerührt hat, ...

[21] In der MāR. folgt noch: Daher soll der solches Wissende, bevor er essen wird, schlürfen und, nachdem er gegessen hat, schlürfen.

[22] Das *taṃ ha etam* in *taṃ hâitaṃ uddālaka āruṇir* in BĀU 6.3.7 bezieht sich auf den zuvor in der Rührtrankzeremonie (BĀU 6.3.1-6) beschriebenen Rührtrank (*mantha*, m.).

in beiden hohlen Händen,	
und flüstert: „Gewaltiger (*ama*) mit Namen bist du, denn deine Gewalten sind alles dieses hier. Denn er ist der Vorzüglichste, der Beste,	Nun erhebt er ihn: „*āmaṃsy* *āmaṃhi te mahi.*[23]
König und	Weil er König, Regent,
Oberherr. Er lasse mich dahin gelangen, daß ich der Vorzüglichste der Beste bin,	Oberherr ist,
(er lasse mich) zu Königtum und	soll er mich zu König, Regent,
Oberherrschaft (gelangen)“.	Oberherr machen!“ BĀU 6.3.5
Ich will dies hier alles sein. ChU 5.2.6	

23 DEUSSEN, 1921, S. 511 übersetzt: „[etwa: ‚Du denkst, so denke deiner Kraft!‘]. Diese Textstelle wird auf S. 100ff. eingehend besprochen.

3. Allgemeines

Bei der Betrachtung der drei Parallelversionen fällt auf, daß sie die gleiche dreiteilige Struktur aufweisen.

1. Teil: Die Einführung und Beschreibung der Lebenskräfte, die gleichzeitig den ersten Teil der Rührtrankzeremonie bildet (ŚĀ 9.2; ChU 5.1-5; BĀU 6.2.1-6).

2. Teil: Der Hauptteil beinhaltet die Fabel des Wettstreites der Lebenskräfte (ChU 5.1.6-15 ≠ BĀU 6.1.7-14). Die Version von ŚĀ weicht in einem entscheidenden Punkt ab: es wird kein Wettstreit geschildert. Das übrige Geschehen in ŚĀ gleicht dem Ablauf in den Fassungen der ChU und BĀU.

3. Teil: Den Abschluß der Texte bilden die Überlegungen zur Kleidung und Speise des *prāṇa.*

Daran anschließend findet sich in den Fassungen von ŚĀ, ChU und BĀU MāR die Rührtrankzeremonie. Bei der BĀU KāR wird zwischen der Fabel und der Rührtrankzeremonie noch die Fünffeuerlehre eingeschoben. Ursprünglich schloß die Fortführung der Rührtrankzeremonie auch in der KāR unmittelbar an die Fabel an [23].

Die Rührtrankzeremonie, in die die Fabel eingebunden ist, beschreibt, wie der Name schon nahelegt, die Zubereitung eines Trankes, der aus Ingredienzien wie saurer Milch, Honig, Kräutern ... besteht. Ziel der Rührtrankzeremonie ist es, Großes zu erlangen [24]. Diese Absicht wird in den Fassungen der ChU und BĀU noch näher beschrieben [25].

Alle drei Versionen der Fabel weisen wörtliche Übereinstimmungen, aber auch bezeichnende Unterschiede auf. Am längsten ist der Text der BĀU und am kürzesten der des ŚĀ. Nur in den Fassungen der BĀU und ChU findet ein Wettstreit der Lebenskräfte statt. Von diesem Unterschied abgesehen, ist durchgängig eine weitgehende wörtliche Übereinstimmung zwischen ChU und ŚĀ zu verzeichnen.

ChU und BĀU sollen zuerst miteinander verglichen werden. Danach soll ChU 5.1-2, die — dies sei hier vorweggenommen — gegenüber der

---

[23] Darauf wies DEUSSEN hin: „Nach diesem Einschiebsel (er meint hier den Wettstreit der Lebenskräfte, Anm. d. Verf.) wird dann in Brih. der Zusammenhang noch weiter unterbrochen durch Einschiebung der ganzen Fünffeuerlehre Brih. 6,2, welcher Chānd. 5, 3-10 ihre Stelle **nach** der Rührtrankzeremonie, die Mādhyandina-Rezension der Brih. Up. **vor** derselben anweist (Śatap. Br. 14, 9, 1), beides viel passender, da ein Zusammenhang beider Lehren, welcher die Einschiebung rechtfertigte, nicht vorhanden ist.“ (DEUSSEN, 1921, S. 132)

[24] *atha yadi mahaj jigamiṣet* (ŚĀ 9.8 ≠ ChU 5.2.4); *sa yaḥ kāmayeta mahat prāpnuyām ity* (BĀU 6.3.1)

[25] ChU 5.2.6; BĀU 6.3.12 MāR; 6.3.6 KāR.

BĀU die ursprünglichere Fassung bewahrt hat, mit ŚĀ verglichen werden.

B. Interpretation der Wettstreitversionen ChU 5.1-2.2 und BĀU 6.1

Da in den Abschnitten des ersten Teiles die Lebenskräfte primär vorgestellt werden und im 3. Teil eine Spekulation über Kleidung und Speise des *prāṇa* folgt, sollen diese Abschnitte in aller Kürze abgehandelt werden. Der zweite Teil, die Fabel, die die Wind-Atem-Lehre beinhaltet, wird einen weit größeren Raum einnehmen.

1. Der 1. Textteil, der Beginn der Rührtrankzeremonie ChU 5.1.1–5 ≠ BĀU 6.1.1–6

Übereinstimmende Textstellen

Betrachtet man die beiden Texte in der Konkordanz, stellt man fest: Die stereotypen Wendungen a-c stimmen in ChU 5.1.1-5 und BĀU 6.1.1-5, von einigen Partikeln abgesehen, weitgehend überein. Unterschiedlich sind nur ChU 5.1.3/4 ≠ BĀU 6.1.3/4.

Unterschiedliche Textstellen

Im ersten Teil der Paralleltexte ergeben sich dadurch größere Unterschiede, daß die BĀU mehr Textabschnitte aufweist als die ChU (s. Konkordanz Zeilen d-e). Bei den zusätzlich vorhandenen Zeilen erheben sich folgende Fragen:
In welchem Zusammenhang stehen sie zu den Zeilen a-c, die ihre Parallelen in der ChU haben? Inwieweit verändern oder ergänzen sie den Sinn der Abschnitte? ChU 5.2.3/4 und /BĀU 6.1.3/4 sind im Wortlaut unterschiedlich. Was ergibt sich daraus für den Inhalt? Am Beispiel von BĀU 6.1.1 sollen die Beziehungen der zusätzlichen Textstücke zu den Zeilen a-c verdeutlicht werden.

a) yo ha vai jyeṣṭhaṃ ca śreṣṭhaṃ ca veda

b) jyeṣṭhaś ca śreṣṭhaś ca svānāṃ bhavati

c) prāṇo vai jyeṣṭhaś ca śreṣṭhaś ca

d) jyeṣṭhaś ca śreṣṭhaś ca svānāṃ bhavati

d') api ca yeṣāṃ bubhūṣati

e) ya evaṃ veda

Es liegt eine nur durch d' unterbrochene fast spiegelbildliche Anordnung um c — die Kernaussage — vor. b und d sind identisch, wohingegen a und e, Anfang und Ende, den Rahmen bilden. Den gleichen Aufbau weisen auch BĀU 6.1.2 und 6.1.5 auf. In 6.1.5 lautet d' jedoch : *āyatanam janānām* (Stützpunkt für die Völker[26].) In Zeile d' ist in allen drei Abschnitten der Wunsch ausgedrückt, den Einflußbereich über die eigenen Grenzen hinaus auszudehnen. Während der Wissende in ChU a-c der Vorzüglichste und Beste für die Seinen ist, wird in BĀU ausgesagt, daß er Stützpunkt auch für andere werden kann, insofern er es wünscht. Man erstrebt z.B. eine Expansion über den eigenen Lebensbereich hinaus auf das Gebiet der anderen Völker (BĀU 6.1.5)

Auffallend ist, daß in den inhaltlich von der ChU abweichenden Abschnitten 6.1.3 und 6.1.4 eine Zeile d' nicht vorkommt. Diese beiden Abschnitte sind daher genauer zu betrachten.

ChU	*BĀU*
a) yo ha vai pratiṣṭhāṃ veda	*a) yo ha vai pratiṣṭhāṃ veda*
b) prati ha tiṣṭhaty asmiṃś ca loke 'muṣmiṃś ca	*b) pratitiṣṭhati same pratitiṣṭhati durge*
c) cakṣur vāva pratiṣṭhā 5.1.3	*c) cakṣur vai pratiṣṭhā*
	c')cakṣuṣā hi same ca durge ca pratitiṣṭhati
	d) pratitiṣṭhati same pratitiṣṭhati durge
	e) ya evaṃ veda 6.1.3

Hier findet sich die gleiche spiegelbildliche Anordnung wie bei den obigen Abschnitten. a und e bilden den Rahmen, b und d sind identisch. Auffällig ist, daß c durch c' begründet wird (*hi*). In der Begründung wird an den Inhalt von b angeknüpft. Gleichzeitig sind die Aussagen beider Textstellen jedoch verschieden.

ChU 5.1.3 Wer den festen Stand kennt, steht fest sowohl in dieser Welt als auch in jener.
BĀU 6.1.3 Wer den festen Stand kennt, steht fest auf dem Ebenen, steht fest auf dem Schwerbegehbaren.

Der Inhalt der BĀU ist „plausibler" und stärker diesseitsbezogen als der der ChU. Um herauszufinden, warum der guten Begründung für das Sehvermögen als *pratiṣṭhā* noch etwas hinzugefügt wird, soll der nächste Abschnitt herangezogen werden.

[26] S. Anm. 17 in diesem Kapitel.

a) yo ha vai saṃpadaṃ veda,
b) saṃ ha asmai kāmāḥ padyante,
daivāś ca mānuṣāś ca;
c) śrotraṃ vāva saṃpat. 5.1.4

a) yo ha vai saṃpadaṃ veda,
b) saṃ ha asmai padyate
yaṃ kāmaṃ kāmayate;
c) śrotraṃ vāva saṃpat
c')śrotre hi ime sarve vedā
abhisaṃpannāḥ.
d) sam ha asmai padyate,
yaṃ kāmaṃ kāmayate,
e) ya evaṃ veda. 6.1.4

In dem vorhergehenden Abschnitt BĀU 6.1.3, wo ebenfalls eine Zeile c' zur Erklärung von c angefügt ist, konnte c' an den Inhalt von b anknüpfen. Die Begründung c' bringt in BĀU 6.1.4 jedoch eine völlig neue Information. Hier wird das Hörvermögen mit den Veden gleichgesetzt und den Veden eine wunscherfüllende Kraft zugesprochen. Es muß dem Redaktor[27] ein Anliegen gewesen sein, an dieser Stelle die Macht der Veden hervorzuheben, was dazu führte, daß die Aussage in c' nicht, wie in den vorhergegangenen Textstücken, an Teil b anknüpft. Für die brahmanischen Opferpriester, die durch die Kraft des Vedawortes wirkten – d. h. für gewogene Opferherren Opfer durchführten –, bestand eine innere Verbindung zwischen dem Gehörten und den Veden (*śruti*). Der Hinweis auf die Veden entspricht dem priesterlichen Selbstverständnis. Die brahmanische Redaktion führte zu Textänderungen, wie in BĀU 6.1.3, wo mit c' dem veränderten Abschnitt 6.1.4 entsprochen wurde. Da für das Sehvermögen eine plausiblere Erklärung, als sie in b bereits gegeben wurde, schwerlich erbracht werden konnte, wurde in BĀU 6.1.4 mit der Begündung c' an c angeknüpft. Sowohl in BĀU 6.1.3 als auch in 6.1.4 konnte dann weiterhin nach dem üblichen Muster verfahren werden. Über die Funktion der zusätzlichen Lebenskraft *prajāti/retas* (BĀU 6.1.6) wird auf S. 91. gehandelt.

Für den ersten 1. Teil konnte eindeutig herausgestellt werden, daß den Versionen der ChU und BĀU (KāR. und MāR) eine gemeinsame Quelle zugrundeliegt. Gleichzeitig wurde die Betonung des Wissens, speziell des Vedawissens in der BĀU festgestellt.

[27] Mit Redaktor(en) sind alle Personen (d. h. Brahmanen) gemeint, die die Texte überliefern.

2. Der 2. Textteil — die Fabel ChU 5.1.6–15 ≠ BĀU 6.1.6–14

Übereinstimmende Textstellen

In der Fabel erscheinen des öfteren Wiederholungen (stereotype Wendungen), die in beiden Fassungen nahezu wörtlich identisch sind. Dies trifft jedoch nicht auf die Formulierung des Streitgespräches der Lebenskräfte zu, wenngleich auch hier ein nahezu identischer Satzteil vorliegt (ChU 5.1.6; BĀU 6.1.7; ŚĀ 9.2):

tān hôvācā yasminn utkrānte śarīram ... (ChU 5.1.7)
Zu ihnen sprach er (=Prajāpati): Derjenige von euch, nach dessen Hinaustreten der (zurückgelassene) Körper ...

> *tad dhovāca: yasmin va utkrānta idam śarīram* .... (BĀU 6.1.7)
>
> Es (Brahman n.) sprach: ‚Derjenige von euch, nach dessen Hinaustreten dieser (zurückgelassene) Körper hier .... .

Unterschiedlich sind hier lediglich die Pronomina *tān* und *tad*. *tān* bezieht sich auf die streitenden Lebenskräfte und *tad* auf Brahman (n.). Außerdem weist das in der BĀU zusätzlich stehende Demonstrativpronomen mit Nah-Deixis — *idam* — auf einen während der Zeremonie konkret anwesenden Körper hin.

Die stereotypen Wendungen in ChU 5.1.8-11 und BĀU 6.1.8-11 stimmen weitgehend überein. Als Beispiel seien hier ChU 5.1.8 und BĀU 6.1.8 aufgeführt.

sā ha vāg uccakrāma/	*vāg gha uccakrāma/*
sā saṃvatsaraṃ proṣya	*sā saṃvatsaraṃ proṣya*
paryetya uvāca:	***āgatya uvāca:***
katham aśakata rte maj	*katham aśakata mad ṛte*
jīvitum iti/	*jīvitum iti/**te ha ūcuḥ***
yathā kalā avadantaḥ	*yathā kalā avadanto **vācā***
prāṇantaḥ prāṇena	*prāṇantaḥ prāṇena*
paśyantaś cakṣuṣā	*paśyantaś cakṣuṣā*
śṛṇvantaḥ śrotreṇa	*śṛṇvantaḥ śrotreṇa*
dhyāyanto manasā	***vidvāṃso manasā***
	prajāyamānā retasā
evam iti/	*evam **ajīviṣma** iti/*
praviveśa ha vāk//ChU 5.1.8//	*praviveśa ha vāk//BĀU 6.1.8//*

Dies soll zugleich genügen, um die systematisch wiederkehrenden Unterschiede in beiden Paralleltexten zu veranschaulichen. Die BĀU-Version ist insgesamt eingängiger gestaltet, so durch *te ha ūcur* vor der direkten Rede und die nochmalige Nennung der jeweils ausgezogenen Lebenskraft (z.B. *yathā kalā avadanto vācā*..) analog zur Beschreibung der zurückgebliebenen Lebenskräfte (z.B. *paśyantaś cakṣuṣā*...). Auch ist am Schluß der direkten Rede das *evam ajīviṣma* in der BĀU stilistisch wirkungsvoller als bloßes *evam* in der ChU. Insgesamt drückt sich darin das Bemühen aus, einerseits so präzise wie möglich zu formulieren, andererseits im stereotypen System zu bleiben, es sogar zu vervollkommnen. Neben diesen Unterschieden in der systematischen Aufzählung tritt noch eine geringfügige Änderung auf:

ChU 5.1.11 *yathā bālā amanasaḥ...*

Wie Dumme ohne *manas...*

BĀU 6.1.11 *yathā mugdhā avidvāṃso ...*

Wie Toren, Unwissende...

Unterschiedlich sind hier *bālāḥ* und *mugdhāḥ* sowie *amanasaḥ* und *avidvāṃso*. Dabei ist folgendes interessant: BĀU 6.1.8-10 und 12 ordnen *manas* beide Male *vidvas* (pl; Wissende) zu und bleiben innerhalb des stereotypen Systems, da auch in 6.1.11 *avidvas* (Pl.; nicht Wissende) gebraucht ist. In der BĀU wurden die immer wiederkehrenden Wendungen ausnahmslos eingehalten. In der ChU ist das stereotype System nicht so starr. Während in ChU 5.1.8-10 zusammen mit *manas* auch *dhyāyat* (pl; Denkende) vorkommt, steht dann in 5.1.11 *amanas* (Pl.).

Der Auszug des *prāṇa* und die darauf folgende Reaktion der Lebenskräfte ist nicht in stereotypen Wendungen abgefaßt. Die Abschnitte ChU 5.1.13-14 und BĀU 6.1.14, in denen der *prāṇa* gepriesen wird, weisen dann wieder wörtlich wiederkehrende Formulierungen auf. Hier ein Beispiel:

ChU 5.1.13	*BĀU 6.1.13*
atha hâinaṃ cakṣur uvāca:	
yad ahaṃ pratiṣṭhā 'smi	*yad vā ahaṃ pratiṣṭhā 'smi*
tvaṃ tat pratiṣṭhā 'sîti.	*tvaṃ tat pratiṣṭho 'sîti cakṣur.*

Diese Abschnitte stimmen bis auf geringfügige Abweichungen in ChU und BĀU überein. Die Wendung *sā ha vāg uvāca* (BĀU 6.1.14) steht nur bei der Lebenskraft, die als erste den *prāṇa* preist, nämlich der Rede. Im Folgenden wird die Lebenskraft, die dem *prāṇa* ihre Ehrerbietung zeigt, stets am Schluß ihrer direkten Rede an den *prāṇa* aufgeführt (z.B. oben *iti cakṣur*). Diese Formulierung ist sprachlich geschickter, als die bei jeder Lebenskraft wiederholte Wendung *atha hâinam* (z.B.) *vāg uvāca.*

Eine weitere geringfügige Abweichung besteht darin, daß *vai* stets an zweiter Stelle jeder Lobpreisung des *prāṇa* in BĀU 6.1.14 vorkommt. Die ChU hat diese Partikel nicht. Weitere kleinere Unterschiede sind:

ChU 5.1.13 *pratiṣṭhā (f.)/pratiṣṭhā (f.)*[28]

BĀU 6.1.14 *pratiṣṭhā* (f.)/*pratiṣṭho* (m.)[29]

Mit den o.g. stereotypen Wendungen erschöpfen sich die wesentlichen Übereinstimmungen zwischen den beiden Texten. Die restlichen Abschnitte ChU 5.1.15-2.2 und BĀU 6.1.14 (der Teil nach den Lobpreisungen des *prāṇa*) weichen im Wortlaut erheblich voneinander ab. So existiert für ChU 5.1.15 in der BĀU gar keine Entsprechung. Ein inhaltlicher Vergleich der beiden Textabschnitte wird bei der Interpretation der unterschiedlichen Stellen durchgeführt.

[28] Das Kennzeichen von *cakṣus* (ChU 5.1.3; BĀU 6.1.3).

[29] *pratiṣṭho* bezieht sich auf den *prāṇa*, der hier in BĀU 6.1.14 mit dem Halt identifiziert wird.

Unterschiedliche Textstellen

Der Beginn des Wettstreites der Lebenskräfte in ChU 5.1.7 und BĀU 6.1.7 weist erhebliche Unterschiede auf.

ChU 5.1.6 und 7	*BĀU 6.1.7*
atha ha prāṇā ahaṃśreyasi	*te hême prāṇā ahaṃśreyase*
vyūdire ahaṃ śreyān asmy	*vivadamānā*
ahaṃ śreyān asmîti. //ChU 5.1.6//	
te ha prāṇāḥ ***prajāpatiṃ***	***brahma*** *jagmuḥ tad dha*
pitaram etyôcur	*ūcuḥ*
bhagavan ko naḥ ***śreṣṭha*** *iti*	*ko no* ***vasiṣṭha*** *iti*
tān hôvāca	*tad dhôvāca:*
yasmin va utkrānte śarīraṃ	*yasmin va utkrānta idaṃ śarīraṃ*
pāpiṣṭhataram *iva dṛśyeta*	***pāpīyo*** *manyate*
sa vaḥ ***śreṣṭha*** *iti. //ChU 5.1.7//*	*sa vo* ***vasiṣṭha*** *iti. //BĀU 6.1.7//*

Doch nun stritten die	Und jene sich um
prāṇa (Pl.; Lebenskräfte)	die Vorherrschaft
über die Vorherrschaft:	streitenden *prāṇa*
	(Pl.; Lebenskräfte) hier
„Ich bin der Bessere,	
ich bin der Bessere!“ ChU 5.1.6	
Die Lebenskräfte kamen zu Vater	gingen zu
Prajāpati (und) sprachen:	**Brahman (n.)**. Zu ihm sagten sie:
„Ehrwürdiger, wer von uns	„Wer von uns
ist der **Beste**?“	ist der **Reichste**?“
Zu ihnen sprach er:	Es sprach:
„Derjenige von euch,	„Derjenige von euch,
nach dessen Hinaustreten	nach dessen Hinaustreten
der (zurückgelassene)	dieser (zurückgelassene)
Körper	Körper hier
gleichsam am	gleichsam am
übelsten	elendsten
erscheint (*dṛś*),	erscheint (*man*),
der von euch	der von euch
ist der **Beste**.“	ist der **Reichste**.“
ChU 5.1.7	BĀU 6.1.7

Während in der ChU durch *atha* bereits stilistisch der Beginn von etwas Neuem angezeigt wird, schließt in der BĀU *te ha ime* an das vorher Gesagte unmittelbar an. Der Übergang von der Rührtrankzeremonie zur eigentlichen Fabel wird dadurch fließend hergestellt. Der wirklichkeitsnahen Beschreibung des Streites in der ChU — *ahaṃ śreyān asmy ahaṃ śreyān asmîti*[30] — steht in der BĀU eine lediglich berichtende Darstellung gegenüber.

Von entscheidender Bedeutung für diesen Textpassus sind die beiden unterschiedlichen Götter (Prajāpati ChU 5.1.7/ Brahman (n.) BĀU 6.1.7), die als Schiedsrichter des Streites befragt werden. In allen übrigen Versionen des Wettstreites der Lebenskräfte[31] wird ausschließlich Prajāpati und nicht Brahman (n.) um Rat gebeten. Die Nennung des Brahman (n.)[32] bildet eine Ausnahme innerhalb der Versionen des Wettstreites der Lebenskräfte. Hervorzuheben ist, daß Brahman hier zwar Neutrum ist, aber wie eine Person angeredet wird, der die ehrende Anrede *bhagavan* noch nicht zuteil wird. Es ist zu fragen, warum es in BĀU 6.1.7 in dieser Funktion vorkommt.

Brahman (n.) löste Prajāpati im Laufe der Zeit einfach ab, denn „ ... Prajāpati came, to a certain extent, to be fusing with Bráhman, brahmá and other deities and divine concepts so as to lose his individuality almost completely ... " (GONDA, 1987, S. 65).

Im Falle der BĀU 6.1.6 MāR bleibt Prajāpati in Verbindung mit *retas* in diesem Wettstreit erhalten. Beide Götter sind noch klar voneinander geschieden, wobei Prajāpati nicht grundlos der Bereich der Fruchtbarkeit zugewiesen wurde. Die Frage, wie Brahman (n.) hier zu einer Schiedsrichterfunktion kommt und welche Bedeutung dieser Wechsel hat, bleibt noch offen.

„Mit ' **Formulierung, Gestaltung, Formung** ' (Hervorhebung durch Thieme) läßt sich das Wort im gesamten RV übersetzen, ohne daß wir ein einziges Mal zu einem anderen Ausdruck greifen, ohne daß wir an einer einzigen Stelle eine 'mißbräuchliche' Verwendung annehmen müßten." (THIEME, 1952, S. 102 [111]). THIEME kann noch eine feinere Differenzierung für der Bedeutung im RV und in den Brāhmaṇas vornehmen, indem er für den RV die Durchschnittsbedeutung „Formung, (dichterische) Formulierung" und für die Brāhmaṇas „Formung, /Wahrheits-Formulierung " ansetzt. (THIEME, 1952, S. 117 [126]). Die Bedeutung „Wahrheitsformulierung" deutet schon hin auf die Schiedsrichterfunktion, die das Brahman (n.), das im Text schon wie der spätere Gott Brahman als Person angesprochen wird, hat. Brahman (n.) wird um eine wahre Antwort gebeten. Diese Bitte ist mit einer kleinen ironischen

[30] „Ich bin der Bessere, ich bin der Bessere!"

[31] SÁ 9, BĀU 1.5.21-23, Kau 2.14, Wettstreit zwischen *manas* und *vāc* ŚB 1.4.5.8.-12.

[32] GONDA führt Textstellen auf, die von einer Beziehung bis hin zu einer Identifikation sowohl von Prajāpati und *vāyu/prāṇa* als auch von Bráhman (n.) und *vāyu/prāṇa* zeugen. (GONDA, 1987, S. 4f., 44, 52f.).

Nuance verbunden, wie sich noch zeigen wird: Brahman wird nicht nach dem Sieger des Wettstreites, nach *jyeṣṭha* und *śreṣṭha* (d. h. *prāṇa*) gefragt, sondern nach der *vasiṣṭhā* (d.h. *vāc*) und antwortet entsprechend!

BĀU 6.1.7 ist, als ein Beispiel für den Beginn der Personifizierung Brahmans (n.), deshalb so wertvoll, weil die Stelle Zeugnis ablegt über die Entwicklung von Brahman (n.) zum Gott Brahman. Dies stimmt mit dem Ergebnis von THIEME überein: „Brahman m. als Name des Gottes Brahma hat nichts mit brahmán m. zu tun, sondern ist Maskulinisierung von bráhman n. Gewiß ist sie älter, als der älteste Text, der sie uns zufällig darbietet — damit hat Gonda o. c.[33] 62ff. sicherlich recht—, aber sie ist jünger als der R: wir verlassen uns dabei keineswegs nur auf das argumentum ex silentio (Gonda o. c. 64), sondern ziehen die selbstverständliche Folgerung aus der Tatsache, daß Brahman m. nicht die Personifizierung des Abstraktums 'Formung, (dichterische) Formulierung' ist, sondern des Begriffs 'Gesamtheit der durch die vedische Überlieferung repräsentierten, als schöpferisches Prinzip wirkenden Wahrheitsformulierungen', den das Wort erst in den Brāhmaṇa bezeichnet und bezeichnen kann.“ (THIEME, 1952, S. 126, Anm. 1)

Brahman (n.) und der Gott Brahman (m.) haben beide eine Affinität zum Personenkreis der Brahmanen und das nicht nur im Selbstverständnis dieses Personenkreises[34]. Hierauf wies besonders Oldenberg hin: „Da zeichnet sich nun zuvörderst am bestimmtesten und wohl auch am frühesten der Kreis der Vorstellungen ab, welche das bráhman — als den ihm verwandten Menschen, innewohnend betreffen: wobei die Korrelation von Bráhman — und kṣatra — die Rolle eines Leitmotivs übernimmt.“(OLDENBERG, 1916, S. 375)[35] Anders als Prajāpati, der in seiner Funktion als Schöpfergott keinem der drei *varṇa* bevorzugt zugeordnet werden kann, deutet Brahman (n.) auf die Lebenswelt der Brahmanen hin.

Um obige Frage nach der Funktion Brahmans im Wettstreit vollends klären zu können, ist noch ein weiterer Unterschied zwischen ChU 5.1.6 $\neq$ BĀU 6.1.7 zu untersuchen. Die Lebenskräfte streiten sich darüber, wer der Bessere (*śreyas*) ist. In ChU 5.1.1 und BĀU 6.1.1 wird *prāṇa* als *śreṣṭha* und *jyeṣṭha* bezeichnet. Streiten sich die Lebenskräfte in ChU

[33] Gemeint ist: J. GONDA, Notes on bráhman, Utrecht 1950.

[34] Vgl. BIARDEAU, 1964, S. 266.

[35] S. auch BAILEY, für den der Gott Brahman auch wesentlich zum brahmanischen Umfeld gehört (1983, S. 6f). Ihm widerspricht GONDA (1989, S. 11f, 14). Zu GONDAS Skeptizismuns hinsichtlich der Möglichkeit, Bedeutungsentwicklungen festzustellen s. THIEME, 1952, S. 94f. [103f.].

5.1.6 darum, wer *śreyas* (der Bessere) ist, und fragen sie 6.1.6 Prajāpati nach der Lebenskraft, die *śreṣṭha* ist, dann ist in Verbindung mit dem 1. Teil der Rührtrankzeremonie — der Vorstellung und Beschreibung der Lebenskräfte, allen voran des *prāṇa* — die entsprechende Antwort schon im voraus festgelegt: der *prāṇa* ist *śreṣṭha* und Sieger des Wettstreites!

In der BĀU hingegen fragen die Lebenskräfte *Brahman (n.)* nach der Lebenskraft, die **vasiṣṭha** (Reichste) ist. Dies ist nicht stringent, denn zuvor wurde auch in BĀU 6.1.7 um *śreyas* gestritten. Mehr noch: *vasiṣṭhā* ist ausschließlich die der *vāc* zukommende Eigenschaft. Indirekt wird so nicht mehr nach *prāṇa*, sondern nach *vāc* gefragt[36]! Da in der BĀU nicht nach *śreṣṭha*, sondern nach *vasiṣṭha* gefragt wird, erfolgt eine entsprechende Antwort. Prajāpati nennt die Lebenskraft *śreṣṭha*, bei dessen Auszug sich der Körper, und damit auch die restlichen zurückgebliebenen Lebenskräfte, am schlechtesten (*pāpiṣṭhataram*) fühlt. Wohingegen Brahman (n.) analog die Lebenskraft als *vasiṣṭhā* bezeichnet, bei dessen Auszug sich der Körper schlechter (*pāpīyas*) fühlt.

Nun erst kann obige Frage nach der Funktion des Brahman (n.) auf der Schwelle zum Gott Brahman beantwortet werden: Der vorliegende Text der BĀU wurde durch einen brahmanischen Redaktor — auf dem Hintergrund seiner Erfahrungswelt — derart verändert, daß nun die für Brahmanen wesentlichen Größen wie Brahman (BĀU 6.1.7), die Veden (s. die Veränderung in BĀU 6.1.4) und die *vasiṣṭhā vāc*[37] sowie die zugunsten der *vāc* veränderte Fragestellung an Brahman (n.) sich so auswirken mußten, daß sie die Bedeutung der Brahmanen betonten. Bedenkt man, daß die BĀU als Teil des ŚB zu einer Zeit entstanden ist, als die Besiedlung östlich des Sadānīra-Flusses erfolgte, und dort für nicht genau bestimmbare Zeit brahmanischer Einfluß nicht existierte (s. S. 12) — sich rationales, naturphilosophisches Denken gut entfalten konnte — so wundert es nicht, daß dort entstandenes Fabelgut im Laufe der „Brahmanisierung" den orthodoxen Werten langsam angepaßt wurde. Die im Osten einsetzende soziale Stratifizierung mußte sich zwangsläufig auch auf die Textinhalte auswirken. So kann Bailey (1983, S. 69) anhand von

---

[36] Beim Merkmal *vasiṣṭhā* mag noch mitschwingen, daß Vasiṣṭha der „... erste, der ursprünglichste, der Dichter in seiner reinsten Form... " war (THIEME, 1952, S. 122). Vasiṣṭha war nicht deshalb Dichter, weil er das Dichten erlernt hat, „... sondern kraft seiner göttlichen Herkunft, deren Einzelheiten seine brahmán-Natur begründen, ... besitzt er die Gabe des brahmán." (Ebd., S. 122f.)

[37] So werden z.B. in ṚV 10.90.12, dem *puruṣasūkta*, die Brahmanen aus der *vāc* des *puruṣa* (Urriesen) entlassen! „Höchster Sitz der honigreichen, somagleichen, aus den Urwassern entstandenen (ṚV 10, 125,7) Rede ist der Brahmanprie- ster (1,164,2;3); sie geht als ein Bote zu den Göttern, durch sie ward sogar Indra groß (10, 50, 4)" (GONDA, 1978, S. 96).

zwei Kosmogonien[38] zeigen, daß Brahman (m.) für die Organisation der Gesellschaft und Prajāpati für die Ordnung des Kosmos zuständig ist. Beide werden in ihrer Funktion mit dem Phänomen des Üblen und Bösen konfrontiert, das speziell Brahman durch die Organisation des menschlichen Zusammenlebens zu vermindern sucht. Beiden wird die Schöpfung des Veda als Grundlage jeglicher Ordnung in Kosmos und Gesellschaft zugeschrieben.

Einzugehen ist nun noch auf den Abschnitt BĀU 6.1.6, der keine Entsprechung in ChU hat und zwei unterschiedliche Lesarten, nämlich *prajāti* in der KāR und Prajāpati in der MāR, aufweist. Dieser Passus ist verbunden mit BĀU 6.1.14, mit dem Unterschied, daß hier in beiden Rezensionen übereinstimmend *prajāti* vorkommt. Da beide Rezensionen in BĀU 6.1.14 übereinstimmend *prajāti* haben, muß es sich bei Prajāpati in der MāR um einen Verlesefehler handeln. Ungelöst bleibt noch ein redaktionskritisches Problem. Welche Funktion hat der in der BĀU hinzugefügte Abschnitt 6.1.6? Die Gleichsetzung von *prajāti*/Prajāpati mit *retas* kommt nur in BĀU 6.1.6 (*prajāti*/Prajāpati), 6.1.14 (*prajāti*) und 6.3.2 (*prajāti*; Rührtrankzeremonie) vor, also nur im Kontext des Wettstreites der Lebenskräfte. Weitere Belegstellen für *prajāti* enthalten TaitU 1.9.1, 3.10.1; KauU 1.7, 2.15, 3.5-8. In TaitU 1.9.1 erscheint *prajāti* innerhalb einer Aufzählung mit den Begriffen: *ṛta*, *svādhā*, *satya*, *tapas*, *dama*, *śama*, *agnihotra*, *agni* (Pl.), *atithi* (Pl.), *mānuṣa*, *prajā*, *prajana*, *prajāti*.

In TaitU 3.10.1 werden die Wohnstätten der Nahrung im Mikrokosmos (*prāṇa*/*apāna*, *karman*/*hasta*, *gati*/*pāda*, *vimukti*/*pāya*) und Makrokosmos (*tṛpti*/*vṛṣṭa*, *bala*/*vidyut*, *yaśas*/*paśu*, *jyoti*/*nakṣatra*, *prajāti* und *amṛta*, *ānanda*, *upastha*) aufgeführt. Nach DEUSSEN hat sich das Satzglied *prajāti* aus der „psychischen Reihe" in die göttliche verirrt (1921, S. 236, Anm. 1).

Eine auf den mikrokosmischen Bereich beschränkte und in sich stimmige Aufzählung beinhaltet KauU 1.7. Auf dem *devayāna* ist eine Station die Befragung des Verstorbenen durch Brahman. Dabei erscheinen:
prāṇa (als der männliche Name für Brahman)
vāc (als sein weiblicher Name)
manas (als sein sächlicher Name)
rūpa/*cakṣus*
śabda/*śrotra*
annarasa/*jihvā*

[38] ŚB 2,4,2,1-5. Cf. 9,5,1,35 (Prajāpati als Schöpfergott); VāP. 8, 166-75 (Brahman (m.) als Gott)

karma/hasta
ānanda, rati, prajāti/upastha
iti/pāda
dhī vijñātavya kāma/prajñā

Es liegt eine um die *karmendriya* erweiterte Lehre vor, in der möglicherweise prä-Sāṃkhyā-Gedankengut gesehen werden darf. Bei der Übergabe der Lebenskräfte vom alternden Vater auf den Sohn — KauU 2.15 —, liegt eine ebensolche Anschauung zugrunde wobei *prajāti* wieder in Verbindung mit *ānanda, rati* und *upastha* vorkommt. Entsprechendes gilt für KauU 3.5-8.

Die Nennung von *prajāti* in Verbindung mit den psychischen und „tätigen" Kräften des Menschen ist eindeutig jünger als die Wind-Atem-Lehre. Es ist wahrscheinlich, daß BĀU 6.1.6 und 16 in die bestehende Fabel eingefügt wurden, nachdem diese neue Anschauung entstanden war und als Prajāpati durch Brahman (n.) ersetzt wurde. Zu diesem Zeitpunkt lag es nahe, den Fruchtbarkeitsaspekt, den Prajāpati verkörpert, durch *prajāti* im Text zu erhalten. Eine Verlesung von *prajāti* zu Prajāpati ist vor diesem Hintergrund allzu verständlich. Da *upastha*, das Geschlechtsorgan, das mit *prajāti* assoziiert wird, nicht wie *retas* geeignet ist, den Körper zu verlassen und nach einem Jahr wiederzukehren, wurde *retas*[39] als Pendant zu *prajāti/Prajāpati* gewählt. Es ist interessant zu beobachten, daß die stärker brahmanisch geprägte Fassung der BĀU neuen Entwicklungen entsprechend umgeformt wurde, während die ChU die alte Form getreu bewahrt hat.

Es sei nun noch einmal der Ausgangspunkt des Wettstreites der Lebenskräfte — der Streit selbst — betrachtet. Gesucht wird die Lebenskraft, die *śreṣṭha* ist und bei deren Auszug sich der Körper am schlechtesten, *pāpiṣṭhatara* (ChU 5.1.8)/*pāpīyas* (BĀU 6.1.7) fühlt. Hier liegt eine Zweiteilung des Körpers hinsichtlich seiner Funktionen vor. Es wird die lebenstragende Kraft *śreṣṭha* dem abhängigen Körper (einschließlich der übrigen Lebenskräfte) gegenübergestellt, der *pāpīyas* (schlechter) ist. Nun bezeichnet das Begriffspaar *śreṣṭha:pāpīyas* nicht nur den Besten und den Schlechteren in Bezug auf die Lebenskräfte, sondern auch in übertragener Bedeutung das Rechtsverhältnis zwischen Herrscher und Volk zur Zeit der Brāhmaṇas (s. S. 13).

Der *śreṣṭha* ist der Herrscher, der den *pāpīyas*, den „Untertanen", gegenübersteht, ihnen Schutz gewährt und im Gegenzug dafür *bali* (Abgabe/Steuer; wohl in Form von Naturalien) erhält. Genau diesen Begriff

---

[39] *retas* paßt, da es primär Substanz ist, nicht in den Rahmen der fünf Lebenskräfte.

bali enthält BĀU 6.1.13. Nachdem der *prāṇa* als *śreṣṭha* gesiegt hat, verlangt er mit folgenden Worten nach einem *bali*:

tasyô me baliṃ kurutêti. tathêti (BĀU 6.1.13)
„So gebt mir eine Huldigungsgabe *(bali)*[40]!" (d.h. entrichtet mir Steuern! Und die Antwort lautet:) „ So sei es."

Vorausgreifend sei bemerkt, daß auch in den noch zu behandelnden Versionen der Fabel vom Wettstreit der Lebenskräfte Termini vorkommen, die mit dem zweiseitigen Rechtsverhältnis innerhalb der Gesellschaft verbunden sind (so z.B. in BĀU 1.5.21 *śreṣṭha* und *kula* [die Speisegemeinschaft]). Ein Beweis dafür, daß die Gleichsetzung von *śreṣṭha* mit dem Herrscher und *pāpīyas* (das Schlechtere) mit den Untergebenen nicht reine Spekulation ist, die Anspielung auf die gesellschaftliche Ebene bewußt und verständlich war und von den Rezipienten dieser Upaniṣadentexte so verstanden wurde, findet sich in ChU 5.2.6, einem Textabschnitt innerhalb der Fortsetzung der Rührtrankzeremonie. Dort spezifiziert der Opferherr, was er durch das Opfer zu erreichen wünscht: Er möchte *jyeṣṭha* und *śreṣṭha* (also wie der *prāṇa*) werden, sowie *rājan* (König) und *adhipati* (Oberherr; ChU 5.2.6). Dem Text der Rührtrankzeremonie kann entnommen werden, wie man sich den Vorgang dieses Rituals vorzustellen hat. Zuerst wurden dem Rührtrank (*mantha*) wichtige Kräfte auf magischem Wege zugesprochen (ChU 5.2.4-5/BĀU 6.3.2-6.3.4). Dabei werden alle fünf Lebenskräfte (und Prajāti in BĀU 6.3.2 KāR) mit den speziellen Eigenschaften aufgezählt, wobei die Kraft der Lebenskraft in den Rührtrank übergeht und beim Trinken in den Trinkenden eingeht. Während in der ChU ausschließlich die fünf Lebenskräfte genannt werden, zählt BĀU zusätzliche wichtige Komponenten wie z.B. Feuer, Soma, Erde, Luftraum etc. auf. Hiernach folgt die für den Opfernden innerhalb der Rührtrankzeremonie besonders wichtige Handlung. Er eignet sich durch das Trinken des Rührtrankes die diesem zugesprochenen Kräfte magisch an. Die Textstelle, die diesen Vorgang beschreibt, weist drei verschiedene Fassungen auf:

ChU 5.2.6	*BĀU 6.3.13 MāR*	*BĀU 6.3.5 KāR*
atha	*athâinam*	*athâinam*
pratisṛpyâñjalau	*udyacchaty*	*udyacchaty*
mantham		
ādhaya japati		
amo nāmāsi	*āmo 'si*	*āmaṃsy-*
amā hi te	*āmaṃ hi te mahi/*	*āmaṃ hi te mahi*
sarvam idam/		

[40] *bali* soll hier als terminus technicus beibehalten werden.

sa hi		
jyeṣṭhaḥ śreṣṭhaḥ		
rājā 'dhipatiḥ/	*rājeśāno 'dhipatiḥ/*	*rājeśāno 'dhipatiḥ/*
sa mā	*sa māṃ*	*sa māṃ*
jyaiṣṭhyaṃ śraiṣṭhyaṃ		
rājyam adhipatyaṃ	*rājeśāno 'dhipatim*	*rājeśāno 'dhipatim*
gamayatu	*karotv iti//*	*karotv iti//*
aham evedaṃ		
sarvam asāneti//		
Nun schleicht		
er zurück,		
den Rührtrank		
in beiden		
hohlen Händen,		
und flüstert:	Nun erhebt er ihn:	Nun erhebt er ihn:
„Gewaltiger (*ama*) mit	„Roh (*āma*) bist du,	„[etwa:, du denkst,
Namen bist du,	denn roh bist du	so denke deiner
denn deine Gewalten	in mir.	Kraft!']“
		(DEUSSEN, 1921, S. 511)
sind alles dieses hier.		
Denn er ist der	Denn er ist	Denn er ist
Vorzüglichste, der Beste		
König und Oberherr.	König, Regent, Oberherr	König, Regent, Oberherr
Er lasse mich	er soll mich	er soll mich
dahin gelangen,		
daß ich der		
Vorzüglichste		
und der Beste bin,		
er lasse mich		
zu Königtum und	zu König, Regent,	zu König, Regent,
Oberherrschaft	Oberherr	Oberherr
(gelangen).	machen.“	machen.“ Ich will dies
hier alles sein.“		

In diesem Zusammenhang kommt den beiden Worten *ama*[41] (Ungestüm, Wucht; ChU 5.2.6) und *āma* (roh, ungekocht; BĀU 6.3.13 MāR; 6.3.5 KāR) eine besondere Bedeutung zu. Die Situation in der ChU ist folgende: Der Opfernde benennt den Rührtrank, während er ihn in seinen Händen hält (*añjalau manthaṃ japati amo nāmâsi*, ChU 5.2.6) mit *ama* (Ungestüm, Wucht). D.h. er hält den Rührtrank in seinen Händen, der

[41] S. auch K. HOFFMANN, 1976, der zum altindischen Verbum *am^i* bemerkt: „Im Vedischen, wie wohl schon im Indoiranischen, dürfte *am^i* für das Sprecherbewußtsein ein Homonym mit den zwei Bedeutungen 'Schwören' und 'anpacken, angreifen' gewesen sein.“ (ebd., S. 305).

kraftgeladen ist, da er die Kraft der fünf Lebenskräfte in sich vereint. Er ist *ama* und alles ist seine Gewalt (*amā hi te sarvam idam* ChU 5.2.6). Es ist eine, im Verständnis der am Opfer Beteiligten, höchst wirksame Form der Magie, da die kraftgeladene Substanz getrunken wird. Nachdem sich der Opfernde durch diesen Vorgang die magische Potenz des Rührtrankes, des *ama*, angeeignet hat, kann er nun selbst *jyeṣṭha*, *śreṣṭha*, *rājan* und *adhipati* werden. Ausschlaggebend ist die eindeutige Beziehung zwischen dem Inhalt des Wettstreites der Lebenskräfte und dem Ziel der Rührtrankzeremonie: der Erlangung der Herrscherwürde.

Die BĀU MāR weist eine andere Lesart auf. Sie ist zwar beeinflußt von einer ChU 5.2.6 ähnlichen Textstelle, konstruiert aber einen anderen Zusammenhang. Statt *ama* findet sich *āma* (roh, ungekocht) mit einem offensichtlichen Bezug zum Rührtrank (*mantha*, m.), der aus rohen, ungekochten Ingredienzien besteht (saure Milch, Honig, Kräuter). Zwar erfolgte auch hier eine magische Zusprechung gewünschter Eigenschaften, aber keine diesen entsprechende Namenszuweisung wie in der ChU durch *ama*.

Die BĀU KāR hingegen lautet *āmamsy āmaṃ hi te mahi*. Auszugehen ist hier von einem āmam asi, einem Neutrum also, das ohne grammatischen Bezug zum Rührtrank (*mantha*, m.) steht. Anders als in der Version der ChU geht in beiden Rezensionen der BĀU die bewußte Gleichsetzung von *prāṇa* = *ama* verloren. Die beiden wichtigsten Attribute des *prāṇa*, nämlich *jyeṣṭha* und *śreṣṭha*, die in der ChU wie Synonyme für *rājan* und *adhipati* fungieren, werden in diesem Stadium der Rührtrankzeremonie nicht mehr genannt. Lediglich die Erlangung der Herrscherwürde wird als Ziel der Rührtrankzeremonie aufgeführt. Dazu mag beigetragen haben, daß in der ChU durch die enge textliche und inhaltliche Nähe zwischen Rührtrankzeremonie und Wettstreit der Lebenskräfte für den Rezipienten noch deutlich war, wer *jyeṣṭha* und *śreṣṭha* ist[42]. Ob hier die innerhalb des Wettstreites der Lebenskräfte in der BĀU nachgewiesene Tendenz, *vāc* und Brahman gegenüber *prāṇa* und Prajāpati aufzuwerten, auch zu einer Nicht-Nennung der Attribute des *prāṇa* innerhalb der Rührtrankzeremonie der BĀU beigetragen hat, muß offen bleiben.

[42]Durch den Einschub der *pañcāgnividyā* in die BĀU KāR (BĀU 6.2) ging dieser Zusammenhang verloren und mußte durch Nennung der jeweiligen Lebenskraft, hier *prāṇāya svāhā*, wiederhergestellt werden (vgl. DEUSSEN, 1921, S. 509, Fußnote 1). Festzuhalten bleibt, daß auch in der BĀU Wert darauf gelegt wird, unter *jyeṣṭha* und *śreṣṭha* den *prāṇa* zu verstehen!

In die gleiche Richtung weist die nächste Abweichung innerhalb der beiden Fabelversionen (ChU 5.1.12 ≠ BĀU 6.1.13), die beim Versuch des *prāṇa*, aus dem Körper auszuziehen, auftritt.
Die Aussage der Lebenskräfte, ist noch genauer zu betrachten.

> ChU 5.1.12
> *bhagavann edhi! tvaṃ naḥ śreṣṭho 'si môtkramīr iti.*
>
> „O Herr, du mußt (es) sein! Du bist der Beste von uns, gehe nicht hinaus!"

Diese Stelle setzt die bisherige innere Ordnung und Systematik der Fabel in der ChU fort. Die Frage an Prajāpati (ChU 5.1.7) lautet: *bhagavan ko naḥ śreṣṭha iti* („Herr, wer ist der Beste von uns?"). Der Ausruf der Lebenskräfte bildet die direkte Antwort auf die Ausgangsfrage nach dem *śreṣṭha*. Nur *prāṇa* erfüllt das von Prajāpati genannte Kriterium: der Körper und mit ihm auch die Lebenskräfte merken sofort, daß sein Zustand dann am schlechtesten ist, wenn der *prāṇa* versucht auszuziehen. Aus diesem Grund bitten sie ihn ausdrücklich, zu bleiben, und den Körper nicht zu verlassen. Der Höhepunkt der Fabel ist nun erreicht. Der Streit ist beigelegt; die Frage nach dem Besten, dem Herrscher über den Körper beantwortet. Anders lautet BĀU 6.1.13.

> *mā bhagavôtkramīḥ!*
> *na vai śakṣyāmas tvad ṛte jīvitum iti*
>
> „Erhabener, gehe nicht hinaus! Nicht werden wir fähig sein, ohne dich zu leben!"

Die eingangs an Brahman (n.) gestellte Frage nach der lebenstragenden Kraft (BĀU 6.1.7) hieß: *ko no vasiṣṭha iti.*[43] Wie festgestellt, wurde diese Frage geändert, um die *vāc* als für die Brahmanen wichtige Größe, in den Vordergrund zu rücken. Es verwundert daher nicht, daß im Ausruf der Lebenskräfte keine der Frage entsprechende Antwort gegeben werden konnte. Da nun einmal der *prāṇa* Lebensträger ist und nicht die *vāc*, mußte hier eine folgerichtige Antwort umgangen werden. Dies gelingt auf geschickte Weise so, daß auf eine andere Frage geantwortet wird, nämlich auf die Frage, die von der aus dem Körper ausgezogenen Lebenskraft stets gestellt wurde: *katham aśakata mad ṛte jīvitum iti?*[44] Hierauf bildet *na vai śakṣyamas tvad ṛte jīvitum iti*[45] die passende Antwort. Innerhalb der Fabel vom Wettstreit der Lebenskräfte in der BĀU wird also der *prāṇa*, obwohl er im 1. Teil schon als *jyeṣṭha/ 'sreṣṭha*, als Sieger und Herrscher benannt wurde, nicht mehr als *śreṣṭha* bezeichnet. Mit dieser

43 „Wer von uns ist der Reichste?"
44 „Wie wart ihr fähig, ohne mich zu leben?"
45 „Nicht sind wir fähig, ohne dich zu leben!"

Antwort wurde jedoch noch mehr erreicht. Man läßt den *prāṇa* zusätzlich sagen:

> *tasyô me baliṃ kurutêti.* (BĀU 6.1.13)
>
> „So gebt mir eine Huldigungsgabe!" (*bali*)

Die Lebenskräfte antworten ihm daraufhin mit einem einwilligenden: „*tathêti*" („So sei es!"). Dieser Passus, der in der ChU nicht begegnet, erfüllt in der BĀU eine ganz bestimmte Funktion. Überspitzt formuliert wird durch das Zugeständnis des *bali* an den Sieger — den König (=*prāṇa*) — davon abgelenkt, daß er nicht mehr als absoluter Herrscher über seine Untertanen, an der Spitze der Gesellschaft stehend, dargestellt wird. Dem König wird die weltliche Herrschaft zuerkannt, mit der das Recht auf *bali* einhergeht. Auf religiösem Gebiet ist die *vāc* die *vasiṣṭhā*. Die Forderung nach einem *bali* ist nicht beispiellos in der Literatur. KONRAD KLAUS (1986, S. 132) nennt eine aufschlußreiche Stelle (Jb 2.25), in der die Sonne, nachdem sie zur Oberherrschaft gelangt ist, ein *pradāna* verlangt: „Bei ihr (der zur Oberherrschaft gelangten Sonne) verlangten die Himmelsrichtungen eine Beteiligung. Wie [die Parteigänger] bei einem [im Streit um die Oberherrschaft] siegreichen Mann aus dem Hochadel eine Beteiligung verlangen, so [war das]. Sie sprach zu ihnen: „Gebt mir ein Geschenk!" (KLAUS, 1986, S. 132)[46]. Das Verlangen nach einem Geschenk (*pradāna*) oder nach Abgaben (*bali*) stellte sich, nach beiden Stellen zu urteilen, nach der Erlangung der Oberherrschaft ein.

Nach der Ermittlung des Siegers im Wettstreit der Lebenskräfte folgen in beiden Fassungen stereotype Wendungen, in denen die unterlegenen Lebenskräfte, eine nach der anderen, dem *prāṇa* die eigene, spezifische Kraft zusprechen. Als Beispiel sei ChU 5.1.13 $\neq$ BĀU 6.1.15 aufgeführt.

[46] *tasmin diśo 'pitvam aicchanta. yathā rājani vijitiny apitvam icchanta, evam. tā abravīt: pradānaṃ me prayacchatêti.* (KLAUS, 1986, S. 132).

ChU	*BĀU*
atha hâinaṃ cakṣur uvāca:	
yad ahaṃ pratiṣṭhā 'smi	*yad vā ahaṃ pratiṣṭhā 'smi*
tvaṃ pratiṣṭhā 'sîti	*tvaṃ pratiṣṭho 'sîti cakṣur/*
//5.1.13//	*//BĀU 6.1.13//*[47]

Welche Bedeutung hat es, wenn die Lebenskräfte einzeln dem *prāṇa* ihre Untertänigkeit bekunden? Vom rein naturphilosophischen Standpunkt aus betrachtet ist allein von Interesse, daß alle Lebenskräfte ohne den *prāṇa* stürben. Zur Klärung der Frage ist es notwendig, die Gesamtstruktur der Fabel zu betrachten. Die Ermittlung des *prāṇa* als Herrscher weist vermutlich Ähnlichkeiten mit der Wahl eines tatsächlichen politischen Herrschers auf. Der *śreṣṭha* gehörte den *rājānaḥ* an, den Männern des Adels. „Dieser *śreṣṭha* erscheint weiter in den sehr häufig belegten, stehenden Wendungen *śreṣṭhaḥ svānām* oder *śreṣṭhaḥ samānānām*, ein Umstand, der es nahelegt, hinter den „Angehörigen" und den „Gleichen" Männer aus dem Hochadel zu vermuten." (Rau, 1957, S. 71).

Der *prāṇa* wird in ChU 5.1 (=BĀU 6.1) als solch ein Herrscher dargestellt, mehr noch, der, der um ihn als Herrscher weiß, soll selbst zum Herrscher unter Gleichen werden. Dieser Wunsch ist nur allzu verständlich, war doch das Verhältnis unter den *rājānaḥ* nicht immer friedlich: „Das ganze Gegenteil war der Fall: es herrschte, soweit wir bisher erkennen konnten, unter ihnen ein dauernder erbitterter Streit um den Vorrang, die Würde des Regenten. Wer sich daran nicht — oder nicht mit dem nötigen Erfolge — beteiligte, ging zugrunde: ... ". (Rau, 1957, S. 84).

Der *prāṇa* gilt als *jyeṣṭha* und *śreṣṭha* unter den Seinen (*svānām*)! Fällt es noch verhältnismäßig leicht, den *prāṇa* als Herrscher anzuerkennen, dürfte es für die *rājānaḥ* schwieriger gewesen sein (vgl. Rau, 1957, S. 85ff), einen der Ihren als *śreṣṭha* anzunehmen. Nun ist es schwierig, aus den ritualistisch geprägten Texten der Brāhmaṇas Rückschlüsse auf politisch relevante Abmachungen zu ziehen, wie z.B. eine förmliche Anerkennung des Königs. Doch ist davon auszugehen, daß ein Ritual wie das *rājasūya* eine politisch wirksame Handlung war.

---

[47]

Nun sprach zu ihm	
das Sehvermögen:	
„Wenn ich der feste Stand bin,	„Wenn ich der feste Stand bin,
dann bist du der feste Stand."	dann bist du der feste Stand,"
ChU 5.1.13	sprach das Sehvermögen.
	BĀU 6.1.13

So wird im *rājasūya* (Königsweihe, ŚB 5.4.4.15 ff.) wird beschrieben, wie durch die Übergabe eines rituellen Schwertes (*sphya*) die Rangordnung innerhalb der Stände festgelegt wird. Ein Brahmane, der *adhvaryu* oder der *purohita* (Hauspriester) überreicht dem König das Schwert mit den Worten: „Des Indra *vajra*[48] bist du, damit sollst du mir dienstbar sein. Mit eben diesem *vájra* macht der Brahmane den König schwächer als er selbst [ist]. Welcher König schwächer ist als der Brahmane, der wird stärker als seine Feinde. So, auf diese Weise macht er (= der Brahmane) ihn stärker als seine Feinde.“ (ŚB 5.4.4.15)[49] Durch die Übergabe des Schwertes und damit die Übergabe der Macht Indras an den König eignet sich der Brahmane eine entscheidende Vermittlerrolle an. Nur durch ihn wird es dem König möglich, Kraft und Macht zu entfalten. Mehr noch: Der König ist schwächer als der Brahmane!

Der König gibt nun das Schwert mit entsprechenden Worten an seinen Bruder weiter. (ŚB 5.4.4.16) Der Bruder übergibt es dem *sūta* (Herold [50]) oder dem *sthapati*[51] (ŚB 5.4.4.17). Der *sūta* oder *sthapati* gibt das Schwert an den Scharenführer[52] (*grāmaṇī*) (ŚB 5.4.4.18) und dieser es an die *sajāta*[53] (ŚB 5.4.4.19) weiter. Jedesmal wird dabei festgestellt, daß der Schwertgebende dem Schwertempfangenden überlegen ist. So wird eine Rangordnung innerhalb der dörflich geprägten Gesellschaft Indiens zur Brāhmaṇazeit beschreibend dargestellt.

Einen entsprechenden Vorgang sieht man in ChU 5.1.13-14 ≠ BĀU 6.1.14 geschildert. Die Lebenskräfte erklären dem *prāṇa*, ihre Stärke sei seine Stärke. Mit anderen Worten: sie dienen ihm entsprechend ihrer Kraft.

An dieser Stelle sei nochmals an *bali* erinnert, die „Steuer“, die dem Herrscher zuerkannt wird. Die „Untertänigkeitserklärung“ der Lebenskräfte in der BĀU wird als *bali* deklariert und somit abgeschwächt. *bali* ist nur die Speise und die Kleidung des Herrschers, die ihm als solchem sowieso zustehen.

---

[48] Zu *vajra* s. W. RAU, 1973/8 S. 37-46 und DERS., 1976, S. 356-358.

[49] *indrasya vájro 'si téna me radhyéti/vájro vai sphyaḥ sá eténa vájreṇa brāhmaṇo rā́jānam ātmanó 'balī́yāṃsaṃ kurute yo vai rā́jā brāhmaṇād ábalīyān amítrebhyo vai sa bálīyān bhavati tád amítrebhya évâinam etad bálīyāṃsaṃ karoti//ŚB 5.4.4.15//*

[50] RAU, 1957, S. 107 übersetzt *sūta* mit Herold.

[51] Es ist wahrscheinlich, „... daß der *sthapati* ursprünglich das politische und kultische Oberhaupt eines halbbarbarischen oder nomadischen Stammes war, mindestens nominell aber einem mächtigeren König unterstand.“ (RAU, 1957, S. 114)

[52] Vgl. RAU, 1957, S. 107, der *grāmaṇī* mit Scharenführer oder Dorfschulze übersetzt.

[53] RAU stellte fest: „Die zu einem *grāma* gehörigen Personen heißen *sajātāḥ* ...“(Ebd., S. 54).

Die Anerkennung des *śreṣṭha* ist in dem Text der ChU ausgeprägter und wird in ChU 5.1.15 noch gesteigert.

> *na vai vāco na cakṣūṃṣi na śrotrāṇi na manāṃsi ity ācakṣate/ prāṇā ity eva ācakṣate/ prāṇo hy eva etāni sarvāṇi bhavati//5.1.15//*
>
> „Nicht die Reden, nicht die Sehvermögen, nicht die *manāṃsi*," sagt man. „*prāṇāḥ*", sagt man, denn der *prāṇa* wird zu allen diesen. 5.1.15

Diese Aussage bildet den Höhepunkt und den Schluß der eigentlichen Fabel. Die Königswahl ist abgeschlossen und der Herrscher in sein Amt eingesetzt. Der dritte Teil über die Kleidung und die Speise des *prāṇa* folgt gleichsam als Anhang. Eine so klare Stellungnahme, wie sie ChU 5.1.15 enthält, ist in der BĀU entsprechend der ihr eigenen Tendenz nicht enthalten. Die eindeutige Hervorhebung des *prāṇa* als *śreṣṭha* widerspräche dem Bemühen, der *vāc* und damit den Brahmanen eine Vormachtstellung innerhalb der Gesellschaft zu sichern.

Zusammenfassung

Bei der Analyse des 2. Teiles des Wettstreites der Lebenskräfte, also der eigentlichen Fabel, konnten folgende Ergebnisse erzielt werden:
1. Die in weiten Teilen vorhandenen Übereinstimmungen zwischen beiden Fabelversionen weisen auf einen gemeinsamen Urtext hin.
2. Die Ermittlung des *śreṣṭha prāṇa* als Herrscher über den Körper, als Lebensträger im naturphilosophischen Sinn, enthält Elemente, wie sie bei der Wahl eines *śreṣṭha* unter den *rājānaḥ* (Fürsten, die den Herrscher stellen) begegnen. Vorrangig in der Fabel vom Wettstreit der Lebenskräfte ist jedoch die Suche nach der lebenstragenden Kraft des Körpers.
3. Die Wahl des *prāṇa* als Herrscher über die Lebenskräfte beinhaltet folgende Abläufe:

- Die Kandidaten werden vorgestellt. Der *prāṇa* wird dabei bereits als *jyeṣṭha* und *śreṣṭha*, also als Herrscher, bezeichnet.
- Der Streit um die Vorherrschaft findet statt. Ein Kriterium für die Wahl des Herrschers wird genannt. Der ist der Herrscher, bei dessen Fehlen sich der Körper am schlechtesten fühlt.
- Der *prāṇa*, bei dessen Auszug der Körper zu sterben droht, wird als Herrscher anerkannt (ChU 5.1.12 $\neq$ BĀU 6.1.13). Alle Lebenskräfte erklären daraufhin ihre Gefolgschaft. Ihre Kräfte sollen auch die des *prāṇa* sein. In ChU 5.1.15 nehmen sie den Namen des *prāṇaḥ* an: sie nennen sich selbst *prāṇa* (Pl.; Lebenskräfte), da sie alle in ihn eingehen. Dieses naturphilosophisch anschauliche Bild hat auch auf

der gesellschaftlichen Ebene seine Gültigkeit. Die dem Herrscher folgenden Untertanen agieren fortan unter seiner Führung und damit unter seinem Namen[54].

- Dieser modellhafte Vorgang zur Ermittlung eines Herrschers ist eingebunden in die Rührtrankzeremonie und erfüllt dort einen genau umrissenen Zweck. Derjenige, der um die lebenserhaltende Kraft des *prāṇa* und um seine Gleichsetzung mit dem *śreṣṭha*, dem Herrscher, weiß, kann per Analogie durch die Ausübung der Rührtrankzeremonie selbst Herrscher werden. Genau dies wird auch am Ende der Zeremonie geäußert, indem der Opfernde wünscht: „Er lasse mich dahin gelangen, daß ich der Vorzüglichste und Beste bin, [er lasse mich] zu Königtum und Oberherrschaft [gelangen].“ (ChU 5.2.6)

  Die ursprünglich rein naturphilosophische Anschauung, daß der *prāṇa* Lebensträger ist, wird in einer Fabel mit deutlichen gesellschaftlichen Anspielungen verarbeitet und innerhalb der Rührtrankzeremonie verwendet, d. h. sie wird als ätiologische Fabel magisch nutzbar gemacht. Die Rührtrankzeremonie muß daher ein exklusives Ritual gewesen sein, da allein Männer des Adels Anwärter für die Position des *śreṣṭha* waren. Der Priester, der dieses Ritual auszuführen hatte, bewegte sich dabei auf den höchsten Ebenen der gesellschaftlichen Macht.

4. Die ebenfalls vorhandenen Unterschiede zwischen den Paralleltexten tendieren innerhalb der BĀU durchgehend in eine Richtung: Es wird das Ziel verfolgt, die Stellung des Brahmanen, symbolisiert durch *vasiṣṭhā vāc* und Brahman (n.), gegenüber dem Herrscher, vertreten durch *śreṣṭha prāṇa*, aufzuwerten. Beim Vergleich der Unterschiede konnte gezeigt werden, daß die ChU eindeutig die ursprünglichere Fassung bewahrt hat.

3. Der 3. Textteil, die Fortsetzung der Rührtrankzeremonie

Vergleich der Struktur des 3. Textteiles

Der 3. Teil weist keine wörtlichen Übereinstimmungen auf. Dies mag zum Teil daran liegen, daß keine stereotypen Wendungen mehr vorkommen. Beide Paralleltexte haben das gleiche Thema, nämlich Kleidung und Speise des *prāṇa*, doch ist die Darstellung unterschiedlich. Eine schematische Übersicht beider Versionen soll zur Klärung der Frage beitragen, ob hier eine gemeinsame Quelle in Betracht kommt.

54 S. S. 14, wo ausgeführt wird, daß die Speisegemeinschaft (*kula*) den Namen des Hausherrn trägt.

	ChU 5.2.1-2	BĀU 6.1.14
Frage nach:	Speise	Kleidung und Speise
Antwort:	alles bis zu den Hunden,	alles bis zu den Hunden,
	bis zu den Würmern	bis zu den Würmern,
		bis zu den Insekten und Vögeln
	sei Speise	sei Speise
		und Wasser sei Kleidung
Begründung:	„Etymologie"	1. für einen Wissenden ist
	anna (Speise) =	alles Speise
	ana (Atem), d.h.	
	für einen Wissenden ist [55]	
	alles Speise	
Frage nach:	Kleidung	
Begründung:	**Essende** umhüllen	2. **Wissende** umhüllen
	[d.h. umkleiden] vorher	[d.h. umkleiden]
	und nachher die Speise	die Speise mit Wasser
	[=Atem] mit Wasser	[= Kleidung; evtl. angedeutete
	[= Kleidung]	„Etymologie" durch
		anam anagnam
		(der nicht nackte Atem)]

Da in beiden Fassungen die Inhalte übereinstimmen, ist von einer ursprünglich gemeinsamen Quelle auszugehen. Da die Darstellung und die Anordnung unterschiedlich sind, muß es sich um eine Weiterentwicklung der ursprünglich gemeinsamen Fassung handeln. Hierbei zeigt die BĀU eine durchgefeiltere und gerafftere Form. Es fällt in der BĀU auf, daß sich nur die Wissenden, mit Gehörtem Vertrauten (*vidvāṃsaḥ śrotrīyā*) — gemeint sind die Vedakundigen —, den Mund ausspülen, während in der ChU alle Essenden dies tun. Das Vedawissen wird in der BĀU hervorgehoben, wie auch schon in 6.1.14 geschehen. Dies deutet wiederum auf eine opferpriesterliche Redaktion hin. Da in der BĀU, wegen der geraffteren Form und der Betonung des Vedawissens, eine gegenüber der ChU stärker bearbeitete Fassung vorliegt, erhebt sich nun die Frage, in welcher Verbindung der Themenkomplex *anna/vāsa* zum Wettstreit der Lebenskräfte steht. Dieser Frage ging bereits BODEWITZ (1973) im Zusammenhang mit dem *prāṇâgnihotra* nach: „First I do not see how presenting a bali by the prāṇāh (to one of them) should be connected with the sacrifice to or in the breaths. Moreover balim kṛ- refers to throwing down food for all sorts of powers, demons, gods, rather than to pouring out or offering an āhuti." (BODEWITZ, 1973, S. 270).

Er sieht daher in diesem Text kein *prāṇâgnihotra* vorliegen. Vielmehr betrachtet er *bali* ebenfalls als Tribut, den der Untergebene dem König zu zahlen hat (zu *bali* vgl. S. 13, 99, 102). In Übereinstimmung mit BODEWITZ, halte ich den angesprochenen Bereich *prāṇa/anna* für relevant. Daß hierbei *anna* und *prāṇa* gleichgestellt werden, ist eine durchaus geläufige Anschauung. Sehr schön zeigt dies BĀU 5.12, in dem ebenfalls Brahman (n.) bedeutend ist.

annaṃ brahmêty eka āhuḥ/ tan na tathā/
pūyati vā annam ṛte prāṇāt/
prāṇo brahmêty eka āhuḥ/ tan na tathā/
śuṣyati vai prāṇa ṛte 'nnāt/
ete ha tv eva devate ekadhābhūyaṃ bhūtvā
paramatām gacchataḥ/... BĀU 5.12

„Die Speise ist Brahman (n.)", sagen einige. Das ist nicht so. Es verwest die Speise ohne den *prāṇaḥ*.
„Der *prāṇa* ist Brahman (n.)", sagen einige. Das ist nicht so. Der *prāṇa* vertrocknet ohne Speise.
Gerade diese beiden aber sind die beiden Gottheiten, die zu einem einzigen Wesen geworden, zum Höchsten werden. ...

Ein weiteres Argument für die Gleichsetzung von *prāṇa* und *anna* enthält ChU 7.9.1.

annaṃ vāva balād bhūyaḥ/
tasmād yady api daśa rātrīr nâśnīyāt/
yady u ha jīvet/ athavā 'draṣṭā
'śrotā 'mantā 'boddhā 'kartā
'vijñātā bhavati/
athânnasyâyai[56]
draṣṭā bhavati śrotā bhavati mantā bhavati
boddhā bhavati kartā bhavati
vijñātā bhavati/
annam upāssvêti//ChU 7.9.1//

„Die Speise ist mehr als die Kraft. Deshalb wird, wenn einer sogar zehn Nächte nicht äße, und wenn er lebte, er ein nicht Sehender, nicht Hörender, nicht Denkender, nicht Erwachender, nicht Handelnder, nicht Erkennender. Dann bei Aufnahme der Speise wird er ein Sehender, wird er ein Hörender, wird er ein Denkender, wird er ein Erwachender, wird er ein Handelnder, wird er ein Erkennender. Die Nahrung verehre!" ChU 7.9.1

So wie der *prāṇa* trägt auch die Speise maßgeblich dazu bei, die Körperfunktionen aufrechtzuerhalten. Es ist daher eine innere Verbindung zwischen *prāṇa* und *anna* gegeben. Daß für den *prāṇa* alles Speise ist, konnte BODEWITZ bereits einleuchtend erklären. Für den *bali* beziehenden

56 *V. l annasyāye.*

König sind seine Untertanen Speise (vgl. BODEWITZ, 1973, S. 273; zu *attṛ*/*ādya* (s. S 13). „Perhaps this image of the Prāṇa as a king is sustained and the food for which he asks are his subjects. The king as attā and his people as annam were a current concept in Ancient India. The Prāṇa reigns as a universal king over all living beings. The garment may be the symbol of his royalty.“ (BODEWITZ, 1973, S. 273).

Zusammenfassung

Im 3. Teil läßt der Inhalt des Textes und die Bestandteile seiner Struktur darauf schließen, daß eine gemeinsame Quelle existierte. Gerade im 3. Teil wird aber auch die unterschiedliche Weiterentwicklung beider Texte deutlich. Dabei zeichnet sich die BĀU-Version durch eine durchgefeiltere, knappere Fassung aus. Die Tendenz, die Brahmanen und deren Vedawissen hervorzuheben, ist sowohl im 1. Teil als auch im 3. Teil der BĀU vorhanden. ChU hat die ungeschliffenere, ältere Fassung bewahrt. *prāṇa* als Herrscher erscheint auch im 3. Teil. Er ist der Speiseempfangende, der *attṛ*, für den die Untertanen *ādya*, die Speise, sind.

Da sich die ChU 5.1-2 in allen drei behandelten Teilen als die ursprünglichere Version erwiesen hat, soll sie im Weiteren mit ŚĀ 9 verglichen werden, zumal beide Fassungen in zahlreichen Abschnitten wörtlich übereinstimmen.

C. Die ursprünglichere Fassung des Wettstreites der Lebenskräfte (ChU 5.1–2.2) im Vergleich mit dem Nicht–Wettstreit ŚĀ 9

1. Übereinstimmende oder nur leicht voneinander abweichende Textstellen in ChU 5.1–2.2≠ ŚĀ 9

Betrachtet man in der Synopse die übereinstimmenden Textabschnitte, so werden bereits bei oberflächlicher Betrachtung die überwiegenden Gemeinsamkeiten zwischen ŚĀ 9 und ChU 5.1-2 sichtbar. Es sollen im folgenden nur Stellen hervorgehoben werden, die die enge Verbindung zwischen ChU 5.1-2 und ŚĀ 9 bezeugen. Es handelt sich dabei um Übereinstimmungen, die ŚĀ und ChU gemeinsam gegenüber BĀU aufweisen.

Ein herausragendes Merkmal im 1. Teil (ChU 5.1.1-5 ≠ ŚĀ 9.1) ist das Nicht-Vorhandensein von *prajāti* (*retas*) als 6. Lebenskraft [57] in ChU sowie in ŚĀ.

[57] S. S. 91.

Im 2. Teil (ChU 5.1.6-15 ≠ ŚĀ 9.2-7) ist von besonderer Bedeutung, daß sowohl in ŚĀ 9.2 als auch in ChU 5.1.7 Prajāpati nach der Lebenskraft, die *śreṣṭha* ist, gefragt wird. In BĀU 6.1.7 war der Befragte Brahman (n.) und gefragt wird nach der Lebenskraft, die *vasiṣṭha* ist (also nach dem Kennzeichen der *vāc*, BĀU 6.1.8). Es sind somit genau dort die wesentlichen Übereinstimmungen zwischen der ŚĀ und der ChU vorhanden, wo Abweichungen in der BĀU eine brahmanenfreundliche Tendenz erzielen sollen. Dies spricht für eine enge Verwandtschaft zwischen ŚĀ 9 und ChU 5.1-2.

War im 3. Teil zwischen ChU 5.2 und BĀU 6.1.4 aufgrund der inhaltlichen Parallelität eine gemeinsame Quelle erschließbar, so zeigen sich zwischen ChU 5.2 und ŚĀ 9.7 genaue wörtliche Entsprechungen. Dies ist ein zusätzlicher Beweis für die enge Beziehung zwischen ChU 5.1-2 und ŚĀ 9.

2. Unterschiedliche Textstellen in ChU 5.1–2.2 ≠ ŚĀ 9

1. Teil

Nur in ŚĀ 9.1 sind die Textstellen ṚV 5.82.1 sowie die *Gāyatrī* ṚV 3.62.10 enthalten. Diese Zeilen erscheinen jedoch erneut in allen drei Parallelfassungen innerhalb der Rührtrankzeremonie. In ŚĀ 9.8 finden sich die Worte *tat savitur vṛṇīmahe* (ṚV 5.82.1) und *tát savitúr váreṇyam* (=ṚV 3.62.10). ChU 5.2.7 hingegen enthält einen längeren Passus aus ṚV 5.82.1 und BĀU 6.3.6 einen Abschnitt aus ṚV 3.62.10. Wie die Nennung und Vorstellung der Lebenskräfte in ŚĀ 9.1 (≠ ChU 5.1.1-5 ≠ BĀU 6.1.1-6) ist daher auch ŚĀ 9.1 als Teil der Rührtrankzeremonie zu werten.

Durchgängig unterschiedlich sind auch die verwendeten Partikel. Statt *vai* (ŚĀ 9.1) findet sich in ChU 5.1.1-5 stets *vāva*. *vāva* tritt ausnahmslos an die Stelle des *ha* oder des *ha vai* in Śā 9.2 (= ChU 5.1.1-5). Insgesamt ist ŚĀ 9 kürzer und einfacher als die ChU.

2. Teil

In ŚĀ 9.2 erfolgt kein Wettstreit zwischen den Lebenskräften! Dies ist der wichtigste hervorzuhebende Unterschied, dessen Bedeutung an späterer Stelle noch ergründet werden soll.

Beim Auszug der Lebenskräfte aus dem Körper werden in der ChU wörtliche Wiederholungen verwendet. Davon ist ein größerer Passus in ŚĀ 9.3-6 nicht enthalten. Dies sei am Beispiel der *vāc* verdeutlicht.

ChU	*ŚĀ*
sā ha vāg uccakrāma/	*sā ha vāg uccakrāma/*
sā saṃvatsaraṃ proṣya	
paryetya uvāca	
katham aśakata ṛte maj	
jīvitum iti/	
yathā kalā avadantaḥ	*yathā mūkā avadantaḥ*
prāṇantaḥ prāṇena	*prāṇantaḥ prāṇena*
paśyantaś cakṣuṣā	*paśyantac cakṣuṣā*
śṛṇvantaḥ śrotreṇa	*śṛṇvantaḥ śrotreṇa*
dhyāyanto manasā-	*dhyāyanto manasā-*
evam iti/	
praviveśa ha vāk//5.1.8//	*evam iti //9.3//*
Und die Rede ging	Und die Rede ging
hinaus,	hinaus,
weilte ein Jahr lang	
außerhalb, kam zurück und	
sprach:	
„Wie wart ihr fähig, ohne	
mich zu leben?"	
„Wie Stumme, nicht sprechend,	„Wie Stumme, nicht sprechend,
atmend durch den Atem,	atmend durch den Atem,
sehend durch das Sehvermögen	sehend durch das Sehvermögen
hörend durch das Hörvermögen,	hörend durch das Hörvermögen,
denkend durch das *manas*,	denkend durch das *manas*,
so."	so."
Die Rede trat ein.	ŚĀ 9.3
ChU 5.1.8	

ŚĀ 9.3 ist unvollständig. Nach dem Auszug der Rede stehen die Aussagen über die verbleibenden Lebenskräfte zusammenhanglos im Raum. *yathā mūkā avadantaḥ* ... [58] wird nur verständlich, wenn man es als Antwort auf die Frage *katham aśakata ṛte maj jīvitum iti*[59] versteht. Nur wenn man diese Frage voraussetzt ergibt sich ein sinnvoller Zusammenhang; die Frage muß also ausgefallen sein. Ob im Fehlen der Aussage, daß die Lebenskraft ein Jahr außerhalb des Körpers weilte, eine Auslassung zu sehen ist, kann nicht nachgewiesen, aber vermutet werden. Es muß sich bei der weggelassenen Frage in ŚĀ 3 ff. um eine bewußt vorgenommene Änderung handeln, denn wäre das Manuskript lückenhaft gewesen, hätte der fehlende Text in Anlehnung an die stereotypen Wendungen der folgenden drei Absätze erschlossen werden können. Daß in einer Vorla-

---

[58] „Wie Stumme, nicht sprechend ... "

[59] „Wie wart ihr fähig, ohne mich zu leben?"

ge in allen vier Abschnitten genau diese Stelle gefehlt hat, ist äußerst unwahrscheinlich.

In ŚĀ 9.3 wird ebenfalls, anders als bei den vergleichbaren Abschnitten der ChU, der Wiedereintritt der Lebenskräfte in den Körper nicht erwähnt. Da aber in ŚĀ 9.10 beschrieben wird, wie der *prāṇa* die *prāṇa* (Pl.; Lebenskräfte) **hinauszieht**, müssen die Lebenskräfte den Körper vorher wieder betreten haben. Es liegt nahe, daß auch die Feststellung, daß die Lebenskräfte den Körper wieder betreten haben, weggelassen wurde.

Der Auszug des *prāṇa* aus dem Körper ist in ŚĀ 9.7 analog zu dem der übrigen Lebenskräfte konstruiert. Die Aussage lautet einfach, daß der *prāṇa* aus dem Körper hinausging (*prāṇo hôccakrāma*). In ChU 5.1.12 wünscht der *prāṇa* den Körper zu verlassen (*uccikramiṣan*). Zusätzlich wird rein äußerlich durch *atha* der Beginn einer Änderung im Geschehen markiert. Die Version der ChU ist folgerichtig, denn die Lebenskräfte können den *prāṇa* nur bitten, den Körper nicht zu verlassen (*môtkramīr*; ChU 5.1.12 ≠ ŚĀ 9.7), wenn er sich noch im Körper befindet. Weilte der *prāṇa* bereits, wie es ŚĀ 9.7 heißt, außerhalb des Körpers, hätte er die Lebenskräfte bereits ebenfalls mit sich hinausgezogen. Daher ist vielmehr zu vermuten, daß die Schilderung vom Hinausgehen des *prāṇa* analog zum Auszug der übrigen Lebenskräfte abgefaßt wurde. Der *prāṇa* wird so zu einer Lebenskraft unter den anderen Lebenskräften. Mit dieser Tendenz stimmt auch überein, daß er nicht, entsprechend der Frage an Prajāpati, *śreṣṭha* genannt wird. Selbst in der überarbeiteten BĀU wird vom *prāṇa* noch ausgesagt, man könne ohne ihn nicht leben, während in ŚĀ 9 eine Würdigung des *prāṇa* als Lebensträger nicht vorhanden ist. In die gleiche Richtung weist, daß die Huldigung der Lebenskräfte (ChU 5.1.12-15 ≠ BĀU 6.1.13-14) und der Schluß der Fabel, ChU 5.1.15 vergleichbar, in ŚĀ 9 nicht vorkommen.

Es ist noch auf eine Besonderheit einzugehen. In der Aussage „... wie ein edles Pferd aus dem Indusgebiet stammend... “ besteht eine Gemeinsamkeit der ŚĀ mit BĀU 6.1.14 gegen ChU 5.1.12. D.h., die ChU kann nicht die direkte Vorlage für ŚĀ und BĀU gewesen sein.

3. Teil

Die Stelle ChU 5.2.1, die sich mit der „Etymologie“ des Namens *ana* (Hauch) für *prāṇa* und *anna* (Speise) beschäftigt, ist in ŚĀ 9.7 nicht enthalten.

Konsequenzen aus den Unterschieden zwischen ChU 5.1– 2.2 und ŚĀ 9

Die bedeutendsten Abweichungen zwischen ŚĀ und ChU seien noch einmal kurz zusammengestellt.

1. In Śā 9 findet kein Streit der Lebenskräfte statt.
2. Die Frage *katham aśakata ṛte maj jīvitum iti* („Wie wart ihr fähig, ohne mich zu leben?") fehlt.
   Der Einzug der Lebenskräfte in den Körper wird nicht geschildert.
3. Der Auszug des *prāṇa* aus dem Körper wurde analog zu dem der anderen Lebenskräfte konzipiert. Er verliert auf diese Weise seine Besonderheit. *prāṇa* wird nicht mehr als lebenstragende Kraft hervorgehoben.
4. Die Preisungen der Lebenskräfte und die Feststellung des Siegers (ChU 5.1.15) erscheinen in ŚĀ nicht.

Der Streit um die Herrschaft, die Ermittlung des Herrschers, die Anerkennung und Bestätigung desselben, wie sie im Wettstreit der Lebenskräfte in der ChU und auch noch in der BĀU geschildert werden, waren wichtige Stationen bei der Ermittlung des *prāṇa* (= Königswahl). Ein derartiger Bezug zur gesellschaftlichen Ebene liegt in ŚĀ9 nicht (mehr?) vor.

Um eine ursprünglichere, weil kürzere, der Naturphilosophie zeitlich näherstehende Fassung kann es sich bei der ŚĀ 9 jedoch deshalb nicht handeln, weil eindeutig Textabschnitte fehlen. Welches Ziel verfolgt ŚĀ 9, zumal dieser Text wie der der ChU und BĀU in eine Rührtrankzeremonie eingebettet ist?

In ChU 5.2.6 und BĀU 6.3.5 wird der Wunsch nach Erlangung der Herrschaft geäußert. Im Rahmen der Rührtrankzeremonie wird die Fabel vom Wettstreit der Lebenskräfte magisch nutzbar gemacht, da sie in modellhafter Form die Ermittlung eines Königs beinhaltet. Eine derartige Absicht ist in der Rührtrankzeremonie der ŚĀ 9, die ansonsten durchgängig wörtliche Übereinstimmungen mit der ChU aufweist, nicht vorhanden. Vielmehr wird „nur" noch gewünscht, Großes zu erlangen (ŚĀ 9.8). War es in ŚĀ nicht mehr das Ziel, die politische Herrschaft zu erringen, kam es auch nicht mehr auf die Stellen innerhalb der Fabel an, die auf politisch-gesellschaftlicher Ebene verwertbar waren. Soll die Fabel in Verbindung mit der Rührtrankzeremonie einem allgemeineren Zweck dienen, müssen diese Hinweise auf gesellschaftliche Verhältnisse fehlen bzw. abgeschwächt werden. Das Ritual ist dann nicht mehr allein auf die Kreise des Adels beschränkt. Dabei ist der Prestigewert eines abgewandelten Rituals, das sonst nur Kreisen des Adels vorbehalten war, für einen „gewöhnlichen“ Opfernden, der es anwendet, nicht hoch genug einzuschätzen.

Zusammenfassung

ChU 5.1-2.2 und ŚĀ 9 sind eng miteinander verwandt. Sie müssen beide auf eine gemeinsame Quelle zurückgehen. Dies zeigte sich insbesondere bei den Textstellen, die ChU und ŚĀ gemeinsam aufweisen und bei der die BĀU abweichende Lesarten enthält.

In ŚĀ 9 wurden die Abschnitte weggelasssen, die bei einer Königswahl von magisch analoger Bedeutung gewesen wären. Der Wettstreit der Lebenskräfte, der in ŚĀ ebenfalls eingebettet ist in die Rührtrankzeremonie, kann dementsprechend nicht mehr in magisch analoger Weise zur Erlangung der Herrschaft eingesetzt werden. Daraus ergibt sich jedoch auch ein Vorteil: Die Zeremonie war nicht mehr allein beschränkt auf den Adel und konnte so einem größeren Kreis von potentiellen Opferherren zugänglich gemacht werden. Ziel war nun „nur“ noch die Erlangung der Kräfte aller *prāṇa* (Pl.; Lebenskräfte).

6. Die Fabel vom Wettstreit der Lebenskräfte in BĀU 1.5.21-23

Nach den Parallelfassungen des Wettstreites der Lebenskräfte und der „Vorläuferfabel" des Wettstreites zwischen *manas* und *vāc* in ŚB 1.4.5.8-12 soll nunmehr ein weiterer Wettstreit der Lebenskräfte, der erstmals auch den makrokosmischen Bereich in eine Fabel integriert, untersucht werden.

A. Text und Übersetzung von BĀU 1.5.21-23

1. Text

athâto vratamīmāṃsā/
prajāpatir ha karmāṇi sasṛje/
tāni sṛṣṭāny anyo 'nyenâspardhanta/
vadiṣyāmy evâham iti vāg dadhre/
drakṣyāmy aham iti cakṣuḥ/
śroṣyāmy aham iti śrotram/
evam anyāni karmāṇi yathākarma/
tāni mṛtyuḥ śramo bhūtvôpayeme/
tāny āpnot/
tāny āptvā mṛtyur avārundhat[1] */*
tasmāc chrāmyaty eva vāk/
śrāmyati cakṣuḥ/
śrāmyati śrotram/
athêmam eva nâpnod yo 'yaṃ madhyamaḥ prāṇaḥ/
tāni jñātuṃ dadhrire/
ayaṃ vai naḥ śreṣṭho yaḥ saṃcaraṃś câsaṃcaraṃś ca na vyathate 'tho na riṣyati/
hantâsyâiva sarve rūpam asāmêti/[2]
ta etasyâiva sarve rūpam abhavan/

[0] ≠ MāR 1.5.30-34; vgl. auch FRAUWALLNER, 1992, S. 39-40.

[1] ŚB 14.4.3.32 hat *avārunddha*.

[2] ŚB 14.4.3.32 hat *bhávāma* anstelle von *asāma*, was mit dem *abhavan* der folgenden Zeile übereinstimmt.

tasmād eta etenâkhyāyante prāṇā iti/
tena ha vāva tat kulam ācakṣate[3] *yasmin kule bhavati ya evaṃ veda/*
ya u hâivaṃvidā spardhate 'nuśuṣyati[4]*/*
anuśuṣya hâivântato mriyata ity adhyātmam//1.5.21//

athâdhidaivatam/
jvaliṣyāmy evâham ity agnir dadhre/
tapsyāmy aham ity ādityaḥ/
bhāsyāmy aham iti candramāḥ/
evam anyā devatā yathādaivatam/
sa yathâiṣāṃ prāṇānāṃ madhyamaḥ prāṇa evam etāsāṃ devatānāṃ vāyuḥ/
mlocanti hy anyā devatā na vāyuḥ/
sâiṣā 'nastam[5] *itā devatā yad vāyuḥ//1.5.22//*
athâiṣa śloko bhavati/

> *yataś côdeti sūryo*
> *'staṃ yatra ca gacchati/*

iti prāṇād vā eṣa udeti prāṇe 'stameti/

> *taṃ devāś cakrire dharmaṃ*
> *sa evâdya sa u śva// iti*[6]

yad vā ete 'mur hy adhriyanta tad evâpy adya kurvanti/
tasmād ekam eva vrataṃ caret prāṇyāc câivâpānyāc ca/
nên mā pāpmā mṛtyur āpnavad iti/
yady u caret samāpipayiṣet teno etasyai devatāyai sāyujyaṃ salokatāṃ jayati[7]*//1.5.23//*

2. Übersetzung

Nun die Erörterung des Gelübdes/der Gelübde (*vratamīmāṃsā*)[8]. Prajāpati entließ die Tätigkeiten (*karmāṇi*). Nachdem sie erschaffen waren, stritten[9] sie miteinander.
„Ich will nur reden!", beschloß (*dadhre*) die Rede.

---

[3] ŚB 14.4.3.32 hat *ắkhyāyate*.
[4] anuśuṣyati fehlt in ŚB 14.4.3.32.
[5] Vgl. in JUB 3.1.3 *asta* (Untergang) als Name für die Halbgottheiten, die in *vāyu* untergehen.
[6] Vgl. Horsch, 1966, S. 125.
[7] ŚB 14.4.3.34 fügt *ya evaṃ veda* hinzu.
[8] S. die Bemerkungen zur Übersetzung und zum Text, S. 113.
[9] Hacker, 1973, S. 140 [34].

„Ich will sehen!“, das Sehvermögen.
„Ich will hören!“, das Hörvermögen.
Genauso alle anderen Tätigkeiten, je nach ihrer Tätigkeit. Diese ergriff der Tod, nachdem er zur Müdigkeit geworden war. Sie erlangte er. Nachdem er [=der Tod] sie erlangt hatte, hielt er sie fest. Daher ermüdet eben die Rede, ermüdet das Sehvermögen, ermüdet das Hörvermögen. Da erlangte er nur diesen allein nicht, welcher hier der *prāṇa* in der Mitte ist. Diese (die andern Sinneskräfte) beschlossen (*dhṛ*), (ihn) anzuerkennen. „Dieser hier fürwahr ist von uns der Beste, der sowohl herumgehend als auch nicht herumgehend weder wankt noch auch verletzt wird. Auf, laßt uns alle zu dessen Gestalt werden!“ Da wurden alle zu dessen Gestalt. Daher werden sie nach ihm *„prāṇāḥ“* (Pl.; Lebenskräfte) genannt. Nach dem benennt man die Speisegemeinschaft, in welcher Speisegemeinschaft er ist, wer solches weiß. Wer aber mit einem, der solches weiß, streitet, vertrocknet. Ist er dann vertrocknet, stirbt er letztlich. Soviel zum eigenen Selbst. 1.5.21
Nun zum göttlichen (Wesen).
„Ich will brennen!“, beschloß das Feuer.
„Ich will erhitzen!“, die Sonne.
„Ich will scheinen!“, der Mond.
So die anderen Gottheiten, je nach [ihrer] Göttlichkeit. Wie unter den *prāṇa* (Pl.; Lebenskräfte) der *prāṇa* in der Mitte steht, genau so ist unter den Gottheiten der Wind, denn es gehen die anderen Gottheiten unter, nicht der Wind. Die Gottheit, die nicht untergeht, das ist *vāyu*. 1.5.22

Da existiert dieser *śloka*:

„ ‘Aus dem die Sonne aufgeht und in dem sie untergeht: der Hauch ist es ja, aus dem sie aufgeht, im Hauch geht sie unter. Den haben die Götter zu (ihrem) dharma gemacht (cakrire); der ist heute und er ist morgen.’ “ (HACKER, 1973, S. 140 [34]).

Was jene (Götter) damals beschlossen haben (*dhṛ*), genau das machen sie auch heute. Deshalb soll er nur **ein** Gelübde befolgen: er soll nur einatmen und ausatmen (in dem Gedanken:) „Nicht soll mich das Übel, der Tod erlangen“. Wenn er es aber befolgt, [wenn] er wünscht es zu vollenden, ersiegt er damit die Verbindung mit dieser Gottheit und die Teilhabe an ihrer (=dieser Gottheit) Welt.

B. Bemerkungen zur Übersetzung und zum Text

vratamīmāṃsā wird gewöhnlich mit „Die Erwägung über das vrata“(HACKER, 1973, S. 140 [34]) oder „die Betrachtung des Gelübdes“

(DEUSSEN, 1888, S. 405) etc. übersetzt. *vrata* kann als Vorderglied in einem Tatpuruṣa jedoch auch den Plural meinen: die Erwägung über „die Gelübde" (*vratāni*). Der Text enthält Anhaltspunkte für beide Übersetzungsmöglichkeiten:

a) Die Lebenskräfte und die Gottheiten legen ihre spezifische Tätigkeit fest (*dhṛ*).

> „Das Verbum, das oben mit 'beschließen' übersetzt ist, ist *dhṛ* im Ātmanepada. Das bedeutet, daß die einzelnen Sinneskräfte (Lebenskräfte) und 'Gottheiten' je für sich etwas 'festlegen und festhalten', und das ist dem Sinne nach ein *vrata*. Es ist ein Verhaltensmodell, das jedes einzelne Organ und jede einzelne Gottheit von dem urweltlichen Zeitpunkt an befolgt. Es ist jedoch nicht, wie gewöhnlich beim *vrata*, ein schon festliegen- des Modell; hier wird einmal berichtet, daß und wie ein solches Modell festgelegt wird durch einen urzeitlichen schöpferischen Akt. Darum wird es auch mit demselben Verbum ausgedrückt, mit dem in der ṚS gesagt wird, daß die Götter ihre *vratāni* 'festgelegt haben und festhalten': mit *dhṛ*. Was hier die einzelnen 'Tätigkeiten' und 'Gottheiten' festlegen, sind zwar keine *vratāni* genau nach der Weise der alten Götter-*vratāni* (diesen entspricht im menschlichen Bereich etwa das *pativrata*, s. o.); aber diese Beschlüsse sind etwas, dem sich jemand — und zwar jeweils das betr. Organ bzw. die Gottheit selbst — anpassen soll bzw. will: darum sind sie *vratāni*." HACKER, 1973, S. 141 [35]).

Da jede Tätigkeit und jede Gottheit einem selbstgesetzten *vrata* folgt, kann mit gutem Grund *vratamīmāṃsā* mit „Erörterung der Gelübde" übersetzt werden.

b) Das entscheidende *vrata*, das in seiner Bedeutung in den *dharma*-Begriff übergeht, ist das des Atems und des Windes, dem sich die übrigen Tätigkeiten und Gottheiten anpassen müssen. Sie nehmen die Gestalt des Atems und des Windes an und folgen dessen Haupt-*vrata*[10].

Da im indischen Terminus *vratamīmāṃsā* sowohl der singulare als auch der plurale Aspekt enthalten sein kann, soll im folgenden der Sanskritausdruck verwendet werden.

Neben *vrata* ist das bereits erwähnte Verb *dhṛ, dhar* bedeutend. Es erscheint in BĀU 1.5.21 und 22 bei der Festlegung der *vratāni* der Lebenskräfte und der Gottheiten. Nachdem bis auf den in der Mitte stehenden *prāṇa* alle Lebenskräfte ermüdet sind, erscheint die Aussage: *tāni jñātuṃ dadhrire*. Die Infinitivform auf otum findet sich, um den Zweck auszudrücken, nach Verben der Bewegung und in Abhängigkeit von bestimmten Verben, namentlich *ark, śak* und *dhar* (DELBRÜCK, 1888, S. 428f.).

[10] S. HACKER, ebd. S. 141 [35].

Als Beleg für *dhar* gibt Delbrück o. g. Stelle ŚB 14.4.3.32 (=BĀU 1.5.21) an. *jñā* übersetzt das PW für eben diese Stelle mit anerkennen, gutheißen, billigen. Es ist mithin zu übersetzen: „Diese beschlossen (*dhṛ*) (ihn) anzuerkennen." Was damit gemeint ist, wird in der unmittelbar nachfolgenden Aussage präzisiert. *ayaṃ vai naḥ śreṣṭho yaḥ saṃcaraṃś câsaṃcaraṃś ca na vyathate 'tho na riṣyati/*[11] Es handelt sich um die Anerkennung des *śreṣṭha* (=*prāṇa*) als Herrscher im Körper und als Lebensträger, an die sich die Erklärung der Bezeichnung für die Lebenskräfte — *prāṇāh* — anschließt. *tasmād eta etenâkhyāyante prāṇā iti/.*

Eine weitere Übereinstimmung mit dem klassischen Wettstreit der Lebenskräfte zeigt sich bei der Übertragung der „herrschenden" Zustände im menschlichen Körper auf die Gesellschaft. *tena ha vāva tat kulam ācakṣate yasmin kule bhavati ya evaṃ veda/.*
Derjenige, der um den Lebensträger weiß, wird per Analogie (eine Art Magie) zum Lebensträger bzw. pater familias der eigenen Speisegemeinschaft. So wie die *prāṇāh* sich nach dem *prāṇa* nennen, trägt dann die Familie des Wissenden auch seinen Namen. Soweit zum mikrokosmischen Teil der Lebenskräftc. Mit dem makrokosmischen Teil wird der Bereich des klassischen Wettstreites der Lebenskräfte verlassen. Für die *devatā* gilt bezüglich des Festhaltens an den jeweiligen Gelübden das gleiche wie für die Tätigkeiten. Für diesen Bereich ist der entscheidende, im Kontext der Wind-Atem-Lehre neue Terminus der des *dharma*. *dharma*, m., die Satzung, die Ordnung, das Gesetz geht zurück auf die oben genannte Verbalwurzel *dhṛ*. Wie Hacker (1973, S. 141 [35]) bereits festgestellt hat, gibt es einen Zusammenhang zwischen dem *prāṇa/vāyu-vrata* und der kosmischen Ordnung. Im *śloka* wird daher der Begriff *dharma* verwendet.

athâiṣa śloko bhavati/

yataś côdeti sūryo
'staṃ yatra ca gacchati/

iti prāṇād vā eṣa udeti prāṇe 'stameti/

taṃ devāś cakrire dharmaṃ
sa evâdya sa u śva// iti[12]

Vor dem Hintergrund des bisher kennengelernten Textes und der ebenfalls auf den Makrokosmos ausgedehnten Wind-Atem-Lehre in JUB 3.1.3

[11] Ähnliche Aussagen finden sich sonst nur im Umfeld der *ātman*-Thematik, so in BĀU 3.9.26, 4.2.4 , 4.4.22, 4.5.15.

[12] HORSCH, 1966, S. 153, Nr. 125. nennt zu dieser Stelle folgende vergleichbare Fassungen: MāR 1,5,34; ŚB 14,4,3,34; cf. AV 10,8,16; KU 4,9; Jb 2,28.

kann die epische Anuṣṭubh-Strophe wie folgt gedeutet werden: Die Sonne, stellvertretend für die Gottheiten, geht auf und unter bzw. geht in ihre Heimstatt — *vāyu* — ein und aus ihr aus[13]. Sie unterbricht ihre Tätigkeit wie die Lebenskräfte, die ruhen müssen. Nur der *prāṇa* ist wie der Wind stets aktiv. Dies ist das entscheidende Kriterium für die lebenstragende Bedeutung beider Kräfte. Daher lautet der Text unmittelbar vor dem *śloka*:

sa yathâiṣāṃ prāṇānāṃ madhyamaḥ prāṇa evam etāsāṃ devatānāṃ vāyuḥ/
mlocanti hy anyā devatā na vāyuḥ/
sâiṣā 'nastam itā devatā yad vāyuḥ

Im kommentierenden Zusatz zum *śloka* wird daher folgerichtig *vāyu* als Heimstatt der *devatāḥ* genannt. Diese kosmische Ordnung, das Zur-Ruhe-Gehen der Gottheiten in den Wind, ist der *dharma*, den die Götter (*devāḥ*) für alle Zeiten **festsetzten**! *yad vā ete 'murhy adhriyanta tad evâpy adya kurvanti/* Insofern wird das *vrata* des *vāyu*, ununterbrochen tätig zu sein und in dieser Eigenschaft Heimstatt für die Gottheiten zu werden wie der *prāṇa* für die Lebenskräfte, zum *dharma* für den Kosmos. Auf dieses Haupt-*vrata* bezieht sich der Schluß von 1.5.23.

> *tasmād ekam eva vrataṃ caret prāṇyāc câivâpānyāc ca/*
> *nên mā pāpmā mṛtyur āpnavad iti/*
> *yady u caret samāpipayiṣet teno etasyai devatāyai sāyujyaṃ salokatāṃ jayati//1.5.23//*

Während des Lebens — hier also der Bezug zur mikrokosmischen Lebenswelt — soll ausschließlich das eine *vrata* gelten, das *prāṇa/vāyu-vrata*. Ein- und Ausatmen werden als Elemente des *vrata* konkret genannt. Wie die praktische Ausführung desselben vorgestellt wurde, ob es sich z. B. um eine spezifische Atemtechnik oder eine Atemübung oder gar ein *prāṇâgnihotra* handelte, darüber macht der Text keine Angaben. Wohl aber ist das durch das *vrata* angestrebte Ziel ausdrücklich genannt. Übel und Tod sollen den Menschen nicht erlangen, und er wünscht sich die Teilhabe an der Welt der Gottheit. In Anbetracht des Gelübdes ist es naheliegend anzunehmen, daß eine Vereinigung mit *vāyu* und damit das Erreichen der Unsterblichkeit angestrebt wird.

Auf *pāpman* ist hier kurz einzugehen. Vedisch „*pāpman*, m., Unglück, Unheil gilt als Umformung von *pāmán* nach *pāpá*" (MAYRHOFER, 1992, Bd. II, Lieferung 12, S. 121). Das oman „dient vielfach, namentlich in der älteren Sprache, zur Bildung von Abstrakta, auch von daraus entwickelten Sach- und Vorgangsbezeichnungen." (WACKERNAGEL, AiGr II, 2, 754f.). *pāman*, m., bezeichnet eine Hautkrankheit, Krätze einen

[13] S. *astam* $\sqrt{i}$ S. 20.

Hautausschlag, also z. B. die Krankheit, die dem Raikva in ChU 4.1.8 nachgesagt wird[14].

pāpman bezeichnet im Kontext der *vratamīmāṃsā* daher wohl alles, was dem Menschen während des Lebens an Krankheit und Leid widerfahren kann, wobei das letzte große Übel der Tod ist, den es mit Hilfe des *vrata* zu überwinden gilt. Der Tod hat, wie der Schlaf, keine Macht über *vāyu*, mit dem *prāṇa* im Tod identisch wird. Von *pāpman* und *mṛtyu* wird im nächsten, interpretierenden Abschnitt die Rede sein.

C. Die Wind-Atem-Lehre in BĀU 1.5.21-23

Der Wettstreit der Lebenskräfte in BĀU 1.5.21-23 ist verbunden mit dem *vrata*-Gedanken. Die Festlegung der einzelnen Gelübde und des herausragenden *prāṇa/vāyu-vrata*, das in seiner kosmischen Dimension zum *dharma* wird, fand dadurch, daß es sich um eine uranfängliche Bestimmung handelt, Eingang in eine Kosmogonie: die Entlassung der Tätigkeiten (*karmāṇi*) aus Prajāpati.

Der Wettstreit der Lebenskräfte und die Erschaffung der *karmāṇi* ließen sich gut miteinander verbinden, da sowohl in der älteren Kosmogonie als auch in der jüngeren Naturphilosophie der Tod ein zentrales Thema war.

a) Wie im Wettstreit zwischen *manas* und *vāc* ausgeführt, wurde die Schöpfung des Prajāpati stets vom Tod bedroht. Er mußte u.a. ein Opfer durchführen, um seine Schöpfung zu retten.
b) Der Tod als Schlaf wird vom Lebensträger *prāṇa* überwunden. Damit leistet der *prāṇa* das, was zuvor nur durch ein Opfer möglich war. Das ist von nicht zu unterschätzender Tragweite, denkt man an die Bedeutung des *prāṇâgnihotra*[15].

Die 1. Stufe der Wind-Atem-Lehre, in ihrer Beschränktheit auf den *prāṇa* als Lebensträger, ist im ersten Abschnitt, BĀU 1.5.21 enthalten und vollkommen erhalten. Zudem kommen alle wichtigen inhaltlichen Elemente des klassischen Wettstreites der Lebenskräfte vor.

1. Es findet ein Wettstreit statt.
2. Der Lebensträger *prāṇa* wird ermittelt.
3. Er wird ausdrücklich als *śreṣṭha* anerkannt.
4. Die Bezeichnung *prāṇāḥ* wird erläutert.
5. Die Verhältnisse im menschlichen Körper werden auf eine gesellschaftliche Institution, hier die Speisegemeinschaft *kula*(s. a. S. 14)

[14] Vgl. auch WENNERBERG, 1981, S. 118f.

[15] S. S. 55.

übertragen, und es wird eine Möglichkeit genannt, mittels analoger Magie selbst Oberhaupt der eigenen Speisegemeinschaft zu werden.
6. Ein Feindeszauber wird ebenfalls genannt.

Abweichend vom klassischen Wettstreit der Lebenskräfte erscheinen nicht alle fünf *prāṇāḥ*, und es wird nicht um die Vorherrschaft (*śreṣṭha*) gestritten, sondern um die Ausführung der je eigenen, spezifischen Fähigkeiten. Da sich der Streitpunkt änderte, konnte in diesem Text erstmals auch die makrokosmische Seite in einen Wettstreit integriert werden. Ein für beide Seiten möglicher und wichtiger Streit ist der um die Ausübung der *karmāṇi* und um die Ermittlung der wichtigsten Tätigkeit. Deussen formuliert es treffend so:

„Bṛi. 1,5,21-23 erscheint die Erzählung vom Rangstreit der Organe in einer neuen Form, sofern neben den psychischen Organen, Rede, Auge, Ohr und Prāṇa, auch ihre kosmischen Äquivalente, Feuer, Sonne, Mond und Vāyu im Rangstreit mit einander auftreten. Da von einem Auswandern aus dem Leibe bei den letztern keine Rede sein konnte, so kommt dieser Zug in Wegfall, und an seine Stelle tritt bei den psychischen Organen die Ermüdung, bei den kosmischen das zeitweilige Zur-Rast-Gehen; nur Prāṇa und Vāyu werden nicht müde, daher die übrigen in ihnen Zuflucht finden, und es zum Schluß heißt, daß die Sonne aus dem (kosmischen) Prāṇa aufgehe und in ihm untergehe.“ (DEUSSEN, 1920, S. 98).

Bei den *devatāḥ* werden nur die genannt, die ihre Tätigkeit unterbrechen müssen (Feuer, Sonne, Mond). Die Himmelsrichtungen (*diśaḥ*) als Pendants zu *śrotra* werden nicht genannt. In JUB 3.1.9 führte gerade die Aufzählung der Himmelsrichtungen zu einem Problem[16], das im vorliegenden Text durch das Weglassen derselben vermutlich übergangen wurde, denn die Himmelsrichtungen entstehen und vergehen nicht, sie sind konstante Größen und daher nicht geeignet bei der Feststellung der belebenden, stets aktiven Kraft im Kosmos.

In BĀU 1.5.21-23 ist also neben der Wind-Atem-Lehre der 1. Stufe auch die Ausdehnung der Lehre auf den Makrokosmos (2. Stufe) vorhanden. Wie in JUB 3.1-3 ist das entscheidende Kriterium für die Lebensträgerfunktion die ununterbrochene Aktivität, d. h. letztlich die Unsterblichkeit von *prāṇa=vāyu*!

Dadurch, daß die kosmische Ordnung konkret als *dharma* durch die Götter für alle Zeit festgesetzt verstanden wird, geht BĀU 1.5.21-23 über JUB 3.1-3 eben durch den *vrata/dharma*-Charakter hinaus. In noch einem weiteren Aspekt ist der vorliegende Text weiterentwickelt: Durch

[16] S. S. 38.

die Befolgung des *vrata* soll das Übel und der Tod überwunden werden und die Teilhabe an der Welt der Gottheit erlangt werden.

Bereits in den Bemerkungen zum Text wurde auf Form und Bedeutung von *pāpman* hingewiesen.

Um zu klären, was mit *pāpman* im Kontext der Wind-Atem-Lehre gemeint sein kann, soll der Wettstreit zwischen Göttern und Dämonen[17] herangezogen werden, der in fünf zum Teil übereinstimmenden Fassungen vorliegt. Die von Prajāpati abstammenden Götter und Dämonen streiten miteinander[18]. Dabei beschließen die Götter, die Dämonen mit dem *udgītha* bzw. mit den einzelnen Lebenskräften als *udgātṛ*, die das Übel (*pāpman*) und den Tod überwinden sollen, zu besiegen. Sie wollen durch die *vāc udgītha* singen lassen, doch erfüllen die Dämonen die *vāc* mit Übel (*pāpman*), so daß sie Übles sagt. In der Folge geschieht dasselbe mit den bekannten Lebenskräften *manas*, *cakṣus*, *'srotra*, *apāna*, *prāṇa*[19] (hier als Geruchssinn). Sie alle werden vom Übel befallen und denken, sehen, hören und riechen Übles[20].

In drei Fassungen wird Prajāpati explizit als Schöpfer sowohl der Götter als auch der Dämonen genannt[21], wobei JUB 2.10.1 besonderes Interesse verdient.

> „*devâsurāḥ samayatantêty āhuḥ/ na ha vai tad devâsurāḥ saṃyetire/ prajāpatiś ca ha vai mṛtyuś ca saṃyetāte//* JUB 2.10.1//
>
> „Götter und Dämonen stritten sich", sagte man. Nicht aber (stritten sich) damals (*tad*) Götter und Dämonen. Prajāpati und der Tod stritten miteinander.
>
> *tasya ha prajāpater devāḥ priyāḥ putrā anta āsuḥ/* [1-] *te 'dhriyanta/ tenôdgātrā dīkṣāmahai yenâpahatya mṛtyum apahatya pāpmānaṃ svargaṃ lokam iyāmêti* [-1]//2.10.2//
>
> [1-1 ≠ JUB 2.1.2]
>
> Die Götter, des Prajāpati liebe Söhne, waren in der Nähe. Sie beschlossen ($\sqrt{dhṛ}$): „Wir wollen uns mit dem als *udgātṛ* weihen, durch den wir, nachdem er den Tod abgewehrt hat, das Übel abgewehrt hat, in die Himmelswelt gehen können."

---

17 ChU 1.2.1-1.3.3, BĀU 1.3.1-1.3.28, JUB 1.60, JUB 2.10ff.

18 In JUB 2.10.1 streiten sich auch Prajāpati und der Tod. Näheres s. unten.

19 Zu *apāna* im Wettstreit zwischen Göttern und Dämonen s. BROWN, 1919, hier S. 111.

20 Dieser Vorgang erscheint in JUB 2.1-3 doppelt, bei der Wiederholung ab JUB 2.3 jedoch ohne Streit.

21 ChU 1.2.1, BĀU 1.3.1, JUB 2.10.1.

Vier Übereinstimmungen sind hervorzuheben, die zwischen BĀU 1.5.21-23 und den o. g. Textausschnitten vorhanden sind.

1. Im Wettstreit der Götter und Dämonen JUB 2.10 sowie im Wettstreit der Lebenskräfte in BĀU 1.5.21-23 liegt das kosmologische Element der Bedrohung der Schöpfung und des Schöpfergottes Prajāpati durch den Tod vor. In beiden Fällen erfolgt die Auseinandersetzung zwischen Prajāpati und dem Tod mittels der Lebenskräfte und deren Lebensträger *prāṇa*.
2. *dhṛ* wird in beiden Texten dann verwendet, wenn die Lebenskräfte beschließen, eine Fähigkeit auszuüben oder sich mittels des *udgātṛ* der Lebenskraft zu weihen, die Lebensträger ist. Beim Vorgang, der mit dem Verbum *dhṛ* umschrieben wird, handelt es sich wie beim *vrata* um eine urzeitliche Festlegung einer Ordnung.
3. Der Tod, das Übel soll überwunden werden, um in die Himmelswelt (JUB 2.10.2) zu gelangen, bzw. teilzuhaben an der Welt, in der sich die Gottheit befindet (BĀU 1.5.23).
4. In den Wettstreitversionen, in denen der *prāṇa* die Fähigkeit zu riechen bezeichnet, wird der Lebensträger *prāṇa* näher mit *mukhya prāṇa* (ChU 1.2.7, 2.1.19, 2.10.19) und *āsanya prāṇa* (BĀU 1.3.7) bezeichnet. Der Lebensträger *prāṇa* heißt in BĀU 1.5.22 *madhyama prāṇa*. Möglicherweise war eine zusätzliche Bezeichnung für den Lebensträger *prāṇa* in Abgrenzung vom *prāṇa* im Sinne von *ghrāṇa* bereits in kosmogonischen Kontexten, in denen die Ausübung der Fähigkeiten von Bedeutung war, Allgemeingut geworden.

pāpman ist in allen Fassungen des Wettstreites zwischen Göttern und Dämonen das Übel, das die Lebenskräfte wahrnehmen. Es ist ein negativer, vernichtender Einfluß, der die Schöpfung beeinträchtigt. Demgegenüber und vom Übel unberührt existiert der *prāṇa*. Mit seiner Hilfe, durch seine Unsterblichkeit und seine Freiheit vom Übel können auch alle anderen Lebenskräfte, ihn als Zuflucht wählend, Unsterblichkeit und Freiheit vom Übel erlangen. Die Sterblichkeit und die Betroffenheit vom Übel sind Charakteristika für den sterblichen Menschen, wohingegen der *prāṇa* durch seine beständige Verbindung mit *vāyu* Anteil an der göttlichen unsterblichen Seite hat. Insofern ist es nicht verwunderlich wenn geschildert wird, daß er die Lebenskräfte einzeln über den Tod hinausführt. Diese auf das Jenseits ausgedehnte Spekulation über die Rolle des *prāṇa* findet sich in BĀU 1.3.1-1.3.16, JUB 2.1.20-2.2.6, JUB 2.11.1-2.11.6. Die ChU enthält keine derartigen Textabschnitte. Sie steht, ähnlich wie ChU 5.1-2, der Wind-Atem-Lehre der 1. Stufe näher. Eine Ausdehnung auf den Makrokosmos erfolgte nicht. Bei der Übertragung der Wind-Atem-Lehre auf den Kosmos fanden nicht-naturphilosophische Anschauungen

Eingang in den Text. So beschränkt sich die Lehre nicht auf die Verbindung zwischen *prāṇa* und *vāyu*, sondern nun wird geschildert, wie die *vāc*, am Tod vorbeigeführt, zum Feuer wird, *manas* zum Mond, *cakṣus* zur Sonne, *apāna* zu *bṛhaspati* und *prāṇa* (in BĀU nicht genannt), in JUB 2.2.6 zu Prajāpati und in JUB 2.11.6 zu *vāyu* wird. Eine solche schematische Übertragung ist, abgesehen von der naturphilosophisch plausiblen Identität zwischen *prāṇa* und *vāyu*, nicht mehr naturphilosophisch. Es fand ein Rückgriff statt auf ältere kosmologische Schemata, die dem Mikrokosmos/Makrokosmos-Parallelismus entsprechen.

Wie ist nun, aufgrund der Kenntnis des Wettstreites der Götter und Dämonen, der Schluß BĀU 1.5.23 zu beurteilen?

yad vā ete 'mur hy adhriyanta tad evâpy adya kurvanti/
tasmād ekam eva vrataṃ caret prāṇyac câivâpānyāc ca/
nên mā pāpmā mṛtyur āpnavad iti/
yady u caret samāpipayiṣetteno etasyai devatāyai sāyujyaṃ salokatāṃ jayati//1.5.23//

Deshalb soll er nur **ein** Gelübde befolgen: man soll nur einatmen und ausatmen (in dem Gedanken:) „Nicht soll mich das Übel, der Tod erlangen". Wenn er es aber befolgt, [wenn] er wünscht, es zu vollenden, ersiegt er damit dieser Gottheit und die Teilhabe an ihrer (=dieser Gottheit) Welt (1.5.23).

Es lassen sich nun folgende Aussagen zum Ende des Textes und zum *vrata* machen:
Anders als in den bisherigen Fassungen des Wettstreites liegt mit großer Wahrscheinlichkeit eine Erlösungslehre vor, die ausgeht von der Identität zwischen *prāṇa* und *vāyu*, also von einer naturphilosophischen Anschauung. *prāṇa* ist als Lebensträger und durch seine ständige Verbindung mit *vāyu*, die sich in seiner ununterbrochenen Aktivität äußert, die unsterbliche, von Übel freie Lebenskraft, der Lebensträger. Darüber, wie man sich nun konkret das Dasein in der Welt mit der Gottheit *vāyu* vorzustellen hat, macht der Text leider keine Angaben.

Wenngleich BĀU 1.5.21-23 schon einen weiten Schritt in Richtung auf eine Erlösungslehre getan hat, bleibt die Frage nach der Individualität, nach einer Individualseele noch ungestellt. Doch scheint bereits eine Tendenz hin zum späteren *ātman*-Begriff vorzuliegen, die sich in folgender Formulierung äußert.

ayaṃ vai naḥ śreṣṭho yaḥ saṃcaraṃś câsaṃcaraṃś ca na vyathate 'tho na riṣyati/ hantâsyâiva sarve rūpam asāmêti/ ta etasyâiva sarve rūpam abhavan/

> „Dieser hier fürwahr ist von uns der Beste, der sowohl herumgehend als auch nicht herumgehend weder wankt noch auch verletzt wird. Auf, laßt uns alle zu dessen Gestalt werden!“ Da wurden alle zu dessen Gestalt.

Dies ist eine für den *ātman* gebräuchliche Umschreibung, die sich z. B. ähnlich in BĀU 3.9.26, 4.2.4 und 4.4.22 befindet. In BĀU 3.9.26 hat der *ātman* seinen Standort im *prāṇa*, in 4.2.4 erscheint die Beschreibung des *ātman* im Kontext einer Feuerlehre verbunden mit Elementen der Wind-Atem-Lehre, und in 4.4.22 ist der *ātman* der aus *vijñāna* bestehende unter den *prāṇa* (Pl. Lebenskräfte)[22]. Wie sich die Vorstellung vom Lebensträger *prāṇa* zum nicht mehr erkennbaren Erkenner alles Erkennens, zum *ātman*, weiterentwickelt hat, kann hier nicht ausgeführt werden. Hier nur soviel: die o. g. Formel ergibt sowohl bezogen auf den nicht greifbaren, nicht verletzbaren, stets in Bewegung befindlichen Atem als auch auf *ātman* einen guten Sinn. Möglicherweise ist diese Formel gerade Ausdruck für diesen Übergang, da sie für den *prāṇa* wie für den *ātman* gleichermaßen aussagekräftig ist. Festzuhalten bleibt, daß der in seiner Identität mit dem Wind unsterbliche *prāṇa* den Weg weist zur Vorstellung eines unsterblichen Selbstes im Menschen, das mit dem kosmischen Selbst identisch ist.

D. Zusammenfassung

Im Wettstreit der Lebenskräfe BĀU 1.5.21-23 wurde das Wettstreitmotiv integriert in eine weiterentwickelte Wind-Atem-Lehre, ähnlich der in JUB 3.1-2. Der Streit wurde ausgedehnt auf den Makrokosmos. Mittels des Kriteriums der ununterbrochenen Aktivität wurde *prāṇa* als mikrokosmischer Lebensträger und *vāyu* als makrokosmische Gottheit mit dem Terminus *„anastam“* ermittelt. Durch das *vrata*, das den Rahmen des Wettstreites bildet, wird eine uranfängliche kosmogonische Ordnung geschaffen, in der die verschiedenen *karmāṇi* ihre spezifische Funktion ausüben und durch *prāṇa/vāyu* erhalten werden. Hiermit verbunden ist eine Erlösungslehre, in der der *prāṇa*, der Übel und Tod besiegt, in Verbindung mit *vāyu* zur Unsterblichkeit verhilft. Durch den Vergleich mit der Speisegemeinschaft *kula* im mikrokosmischen Teil des Wettstreites (1. Stufe der Wind-Atem-Lehre) liegt ein Rückgriff auf eine zeitgenössische Institution vor, die gleichzeitig die naturphilosophisch gegebene enge Verbindung zwischen Speise und Atem unterstreicht.

---

[22] *sa vā eṣa mahān aja ātmā yo 'yaṃ vijñānamayaḥ prāṇeṣu/*

7. Die Fabel vom Wettstreit der Lebenskräfte in KauU 2.14

Eine andere Form der Fabel vom Wettstreit der Lebenskräfte ist in KauU 2.14 enthalten und soll im nachfolgenden interpretiert werden [1].

A. Text und Übersetzung von KauU 2.14

1. Text

athâto niḥśreyasādānam etā ha vai devatā
ahaṃśreyase vivadamānā
asmāc charīrād uccakramus
tad [dhâprāṇat śuṣkaṃ] dārubhūtaṃ śiśye
'thâinad vāk praviveśa
tad vācā vadac chiśya eva-
athâinac cakṣuḥ praviveśa
tad vācā vadac cakṣuṣā paśyac chiśya eva-
athâinac chrotraṃ praviveśa
tad vācā vadac cakṣuṣā paśyac chrotreṇa śṛṇvac chiśya eva-
athâinan manaḥ praviveśa tad vācā vadac cakṣuṣā paśyac chrotreṇā śṛṇvan manasâdhyāyac chiśya evâthâinat prāṇaḥ praviveśa
tat tata eva samuttasthau
tā vā etāḥ sarvā devatāḥ
prāṇe niḥśreyasaṃ viditvā prāṇam eva prajñâtmānam abhisambhūya sahâivâite sarve 'smāc charīrād uccakramus te vāyupraviṣṭā ākāśâtmānaḥ svar īyus
tatho evâivaṃ vidvān prāṇe niḥśreyasaṃ viditvā prāṇam eva prajñâtmānam
abhisambhūya sahâivâitaiḥ sarvair asmāc charīrād utkrāmati
sa vāyupraviṣṭa ākāśâtmā svar eti sa tad gacchati yatrâite devās tat prāpya yad amṛtā devās tad amṛto bhavati
ya evaṃ veda//2.14//

---

[1] Der Text wird nach FRENZ, 1968, wiedergegeben, der sechs verschiedene Textausgaben verglich. Auf die vv.ll., die er aufführt, sei ausdrücklich verwiesen. Die Numerierung des Textes erfolgt jedoch nach LIMAYE/VADEKAR, 1958.

2. Übersetzung

Nun weiter über die Erlangung/Ergreifung des Höchsten[2]. Die sich um die Vorherrschaft streitenden Gottheiten zogen aus diesem Körper aus. Da lag er [*prāṇa*-los, vertrocknet; wie] zu Holz geworden. Nun ging in ihn die Rede ein. Da redete er mit der Rede, blieb aber liegen. Darauf trat in ihn das Sehvermögen ein. Da redete er mit der Rede, sah mit dem Sehvermögen, blieb aber liegen. Darauf trat das Hörvermögen ein. Da redete er mit der Rede, sah mit dem Sehvermögen, hörte mit dem Hörvermögen, blieb aber liegen. Darauf trat in ihn das *manas* ein. Da redete er mit der Rede, sah mit dem Sehvermögen, hörte mit dem Hörvermögen, dachte mit dem *manas*, blieb aber liegen. Darauf trat der *prāṇa* in ihn ein, dann erst stand er auf.

Nachdem da fürwahr alle diese Gottheiten (=Lebenskräfte) im *prāṇa* den Höchsten erkannt hatten, gingen diese alle zusammen in den *prāṇa* *prajñā*-artig [*prajñā* zum Selbst habend] ein und zogen aus diesem Körper aus. Nachdem sie in den Wind eingetreten waren, gelangten sie ätherartig [den Äther zum Selbst habend] zur Sonne.

In der gleichen Weise zieht ein Wissender, nachdem er im *prāṇa* den Höchsten erkannt hat, in den *prāṇa* *prajñā*-artig eingegangen ist, aus diesem Körper aus. Der in den Wind eingetreten ist, ätherartig, gelangt zur Sonne.

Er geht dorthin, wo diese Götter sind. Nachdem er das erlangt hat, wird, wer solches weiß, dann unsterblich, weil die Götter unsterblich sind.

B. Die Wind–Atem–Lehre in KauU 2.14

KauU 2.14 kann in zwei Teile untergliedert werden.

1. Die Einleitung kündigt das Thema, den Streit um die Vorherrschaft der *devatā* (Pl.; Gottheiten) an. In einem anschaulichen Beispiel wird der Beweis dafür erbracht, wer der Höchste ist.

[2] „In §1 wird das niḥśreyasādānam 'die Verehrung des prāṇa' (eig. des Höchsten) durch die Erzählung von dem Wettstreit (*ahaṃśreyasa*) aller Gottheiten (*devatāḥ*) im Körper, nämlich *vāc, cakṣus, śrotram, manas*, mit demselben motiviert, welcher sich zu dessen Gunsten entschied, weil der Körper, obwohl sprechend, sehend, hörend, empfindend, doch erst aufstand, als er athmen konnte.“ (WEBER, 1973, S. 408). In *niḥśreyasādānam* schwingt noch die Erlangung der Position des Herrschers mit (s. a. S. 50). Gleichzeitig wird eine neue Ausrichtung deutlich. Ziel ist nun die Erlangung der Erlösung dadurch, daß man im *prāṇa* den Höchsten (*niḥśreyasa* erkennt.

2. Die Gottheiten, die den *prāṇa* als Höchsten erkannt haben, bemächtigen sich des *prāṇa*, indem sie *prajñā*-artig werden. Mit ihm ziehen sie aus dem Körper aus. Über die Station des Windes gelangen sie, die Gestalt des Äthers (*ākāśātman*) angenommen habend, so zum Ort der göttlichen Unsterblichkeit, zur Sonne.

Im Text finden sich aufschlußreiche Anhaltspunkte dafür, inwieweit hier noch der Wettstreit der Lebenskräfte in seiner ChU 5.1-2.2 ähnlichen ursprünglichen Form vorliegt und wie er verändert wurde, und neue, z. T nicht-naturphilosophische Gedanken Eingang gefunden haben. Der Körper liegt wie zu Holz geworden unbewegt am Boden. Die eintretenden Lebenskräfte ermöglichen es ihm zu reden, zu sehen, zu hören usw. Das bedeutet, daß die einzelnen vormaligen *prāṇa* (Pl.; Lebenskräfte) vom *prāṇa* **unabhängig** sind. **Sie existieren ohne ihn**. Dies ist völlig verschieden vom klassischen Wettstreit der Lebenskräfte. In der Vorstellung der vom *prāṇa* unabhängigen *devatā* (Pl.; Gottheiten) sind keine naturphilosophischen Ideen mehr vorhanden. Die Kernaussage vom *prāṇa* als Lebensträger ist erstarrt. Die verselbständigte Hauptaussage wird jedoch in neuen, nicht mehr naturphilosophischen Kontexten tradiert. Es mag sein, daß sich hierin Elemente aus älteren Kosmogonien wiederfinden, die ihrerseits nun losgelöst aus ihrem ursprünglichen Kontext im Wettstreit der Lebenskräfte weiterexistieren. So fungierten die Lebenskräfte in Kosmogonien ebenfalls als selbständige Größen, die durch Prajāpati entlassen wurden (vgl. u. a. AiU). Diese unterschiedlichen Komponenten führten möglicherweise zur Form des Wettstreites der Lebenskräfte in KauU 2.14. Dabei bleibt von der ehemaligen Wind-Atem-Lehre als Relikt einzig der *prāṇa* als letztlich belebendes Element übrig, der nach dem Tod des Körpers in den Wind eintritt und die Lebenskräfte über den Tod hinausführt. Er kann dies, indem er und die Lebenskräfte, die in ihn eingehen, *prajñā*- bzw. *ākāśa*-artig werden. In diesem Kontext wird von ihm, so auch in KauU 3.2, vom *niḥśreyasa* (Höchsten) gesprochen. Es ist bemerkenswert, daß das Wissen um den *prāṇa* bzw. das Erkennen des *prāṇa* als Höchsten von herausragender Bedeutung ist. Ebenfalls werden die *prāṇa* (Pl.; Lebenskräfte) durch Wissen/Erkennen des *prāṇa* zu dem einen *prāṇa*, nicht aber, weil er sie zwangsläufig aufnimmt und sie von ihm abhängig sind. Vermutlich liegt die Vorstellung vor, daß nur der *prajñā*-artig werden kann, der den *prāṇa* als *prajñā*-artig erkannt hat. Hier und in KauU 3.1 wird *prāṇa/prajñātman* mit dem Gedanken der Unsterblichkeit in der Himmelswelt in Verbindung gebracht. Dies geschieht an beiden Stellen durch das Wissen um den *prāṇa*. Im Mittelpunkt der Wind-Atem-Lehre der 1. Stufe stand stets nur die Verbindung *prāṇa/vāyu*. In BĀU 1.5.23 findet sich, durch den Wunsch, in einer Welt mit der Gottheit (*vāyu*) zu sein, möglicherweise auch schon ein Hinweis auf eine Jenseitsvorstellung[3]. Es ist kaum möglich festzustellen, ob die Unsterblichkeit in der Himmelswelt in der Wind-Atem-Lehre erst zusammen mit *prajñâtman* auftrat, oder aber aus noch älteren religiösen Vorstellungen, z. B. denen von einem Kriegerhimmel stammt.

C. Zusammenfassung

Der Hauptgedanke der Wind-Atem-Lehre vom *prāṇa* als Träger des Lebens, der beim Tod in den Wind eingeht, ist in KauU 2.14 als Kernaussage tradiert worden. Naturphilosophische Gedanken liegen da nicht vor, wo die Lebenskräfte als selbständige Funktionen, unabhängig vom *prāṇa* den Körper betreten können. Diese Eigenständigkeit der Lebenskräfte mag aus älteren Kosmogonien herrühren, in denen die Körperfunktionen als selbständige Größen aus Prajāpati entlassen werden. Daß *prāṇa* seinem Wesen nach zu *prajñā* wird und die Lebenskräfte, die ihn erkennen, durch ihre Erkenntnis selbst *prajñā*-artig bzw. ätherartig werden, und so über den Tod hinaus zur Unsterblichkeit gelangen, ist ein wichtiger neuer und weitreichender Gedanke. KauU 3 zeigt, wie dieser Gedanke letztlich hinführt zur *ātman*-Philosophie. Diese Entwicklung kann jedoch hier nicht weiter verfolgt werden.

---

[3] S. S. 120.

8. Die Fabel vom Wettstreit der Lebenskräfte in PrU 2.1–4

In PrU 2.1-4 ist noch ein Wettstreit der Lebenskräfte erkennbar. Diese Fabel soll daher anschließend behandelt werden.

A. Text und Übersetzung PrU 2.1-4

1. Text

atha hâinaṃ bhārgavo vaidarbhiḥ papraccha/ bhagavan katy eva devāḥ prajāṃ vidhārayante/ katara etat[1]*prakāśayante/ kaḥ punar eṣāṃ variṣṭha*[2]*iti//2.1//*
tasmai sa hôvāca/ ākāśo ha vā eṣa devo vāyur agnir āpaḥ pṛthivī vāṅ manaś cakṣuḥ śrotraṃ ca/ te prakāśyâbhivadanti/ vayam etad bāṇam avaṣṭabhya vidhārayāmaḥ//2.2//
tān variṣṭhaḥ prāṇa uvāca/ mā moham āpadyatha aham evâitat pañcadhā "tmānaṃ pravibhajyâitad bāṇam avaṣṭabhya vidhārayāmîti/ te 'śraddadhānā babhūvuḥ//2.3//
so 'bhimānād ūrdhvam utkramata iva/ tasminn utkrāmaty athêtare sarva evôtkrāmante/ tasmiṃś ca pratiṣṭhamāne sarvā eva prātiṣṭhante[3]*/tad yathā makṣikā madhukararājānam utkrāmantaṃ sarvā evôtkrāmante/ tasmiṃś ca pratiṣṭhamāne sarva eva prātiṣṭhante*[4]*/evaṃ vāṅ manaś cakṣuḥ śrotraṃ ca/ te prītāḥ prāṇaṃ stunvanti//2.4//*

2. Übersetzung

Nun fragte ihn Bhārgava Vaidarbhi: „Erhabener, wieviele Götter erhalten das Geschöpf aufrecht? Welche von ihnen erleuchten ihn [den Leib, vgl. Anm. 1]? Wer aber unter ihnen ist der vorzüglichste?“ (2.1) Diesem sagte er: „Der Äther fürwahr ist dieser Gott, der Wind, das Feuer,

[1] *etat* muß sich logisch auf ein nicht vorhandenes *śarīra* beziehen, weshalb Deussen mit „Wie viele Götter halten das Geschöpf aufrecht, und welche von ihnen erleuchten diesen Leib, ... “ (DEUSSEN, 1921, S. 562) übersetzt.

[2] V.l. *baliṣṭaḥ*

[3] V.l. *pratiṣṭhante*; *prā* fehlerhaft für *pra*-(PW).

[4] Ebd.

die Wasser, die Erde, die Rede, das *manas*, das Sehvermögen und das Hörvermögen. Nachdem sie ihn erleuchtet haben, sagen sie aus: „Wir stützen diesen Rohrstock [und] halten [ihn] aufrecht[5]". (2.2) Zu diesen sprach der vorzüglichste *prāṇa*: „Nicht so, einem Irrtum verfallt ihr. Ich, nachdem ich mich (selbst) fünffach geteilt habe, stütze den Rohrstock und halte ihn aufrecht." Sie waren ungläubig. (2.3) Er trat aus Stolz ein wenig nach oben aus. Wenn er austritt, dann treten die anderen auch alle aus, und wenn er feststeht, stehen auch alle fest. Und wie die Bienen, wenn der Bienenkönig auszieht, auch alle ausziehen und wenn er verharrt, auch alle verharren, so auch die Rede, das *manas*, das Sehvermögen und Hörvermögen. Beglückt preisen die den *prāṇa* ... (2.4)[6]

B. Die Wind-Atem-Lehre in PrU 2.1-4

PrU 2.1-4 weist eine andere Struktur auf als die bislang behandelten Versionen des Wettstreites der Lebenskräfte. Die Fragen des Bhārgava Vaidarbhi nach den **Gottheiten**, (1) die die *prajā* aufrechterhalten (*vidhārayante*), (2) ihn erkennen lassen (*prakāśayante*) und (3) nach der vorzüglichsten Gottheit (*variṣṭha*) eröffnen den Text — und sind bereits im Sinne der klassischen Wind-Atem-Lehre falsch. Es ist nur die eine Gottheit *prāṇa*, die den Körper aufrichtet, erkennen läßt und die vorzüglichste ist.

Entsprechend falsch ist die Antwort hinsichtlich der makrokosmischen und mikrokosmischen Lebenskräfte.

PrU	*bisher aufgetretene Elemente*
makrokosmisch	
ākāśa	
1. vāyu	*1. vāyu*
2. agni	*2. agni*
	3. sūrya
	4. candra/diś
5. āpaḥ	*5. āpaḥ/candra*
pṛthivī	

[5] Vgl. KauU 3.3 *idam śarīraṃ parigṛhyôtthāpayati/*. „[Der *prāṇa*] hier, nachdem er den Körper umgriffen hat, läßt ihn aufrecht stehen."

[6] Hiernach folgt ein Hymnos, der Anklänge an AV 11,4 zeigt.

mikrokosmisch	
	1. prāṇa
2. vāc	*2. vāc*
3. cakṣus	*3. cakṣus*
4. śrotra	*4. śrotra*
5. manas	*5. manas*

Es ist auffallend, daß bei den mikrokosmischen Lebenskräften *prāṇa* nicht vorkommt, obwohl sein makrokosmisches Gegenstück *vāyu* aufgeführt ist. *vāyu* steht jedoch nicht an erster Stelle der makrokosmischen Lebenskräfte, obwohl, wie sich später zeigen wird, der *prāṇa* die vorzüglichste Lebenskraft ist. Anstelledessen wurde *ākāśa* (Luftraum) vor *vāyu* gesetzt. Es hat den Anschein, als sollte makrokosmisch *ākāśa* (Luftraum) sowie mikrokosmisch *vāc* (Rede) an die Stelle von *prāṇa/vāyu* treten bzw. hervorgehoben werden. Um Wind-Atem-Lehre handelt es sich keinesfalls. Es ist festzuhalten, daß hier die Wind-Atem-Lehre in ihrer ursprünglichen Form nicht mehr vorliegt. Degeneriert ist ebenfalls das Wettstreitmotiv. Die einzelnen Lebenskräfte streiten nicht direkt miteinander. Sie behaupten vielmehr übermütig, das Geschöpf zu erleuchten und aufzurichten. Dagegen protestiert der *prāṇa*. Nun folgt jedoch nicht, wie in den übrigen Versionen, der Aus- oder Einzug jeder einzelnen Lebenskraft, sondern der *prāṇa* behauptet sofort, daß er es sei, der den Körper aufrecht hält und stützt. Da ihm die Lebenskräfte nicht glauben, verläßt er den Körper. Das weitere Geschehen ähnelt den bisher behandelten Fassungen des Wettstreit der Lebenskräfte. Der *prāṇa* zieht alle Lebenskäfte mit sich. Als bildhafter Vergleich wird die Situation in einem Bienenstock herangezogen, wo der Bienenkönig (im skt. männlich!) bei seinem Auszug auch alle anderen Bienen mit sich zieht.

C. Zusammenfassung

Der Wettstreit der Lebenskräfte in PrU 2.1-4 ist kürzer als die anderen Versionen. Originäres Element ist nur noch der Auszug des *prāṇa* und die Bestätigung seiner Superiorität. Ebenso sind keine Anzeichen enthalten, die auf gesellschaftliche Verhältnisse verweisen. Es handelt sich also um eine junge und vom klassischen Wettstreit der Lebenskräfte weit entfernte Fassung.

Bislang konnten verschiedene Ausprägungen des Wettstreites der Lebenskräfte betrachtet werden. Sie beinhalten die Wind-Atem-Lehre in originären oder schon abgesunkenen Formen.

Im Kontext mit anderen Fabeln in der Weltliteratur soll kurz eine Fabel des Mahābhārata vorgestellt werden, die bislang in der Literatur als älteste Wettstreitfabel bekannt war.

9. Die Wettstreit-Fabel Mbh 14.23.1–23 mit einem Ausblick auf Wettstreit-Fabeln in der Weltliteratur

Fabeln, in denen sich Funktionen oder Teile eines Körpers um die Vorherrschaft streiten, kommen in den Hochkulturen Ägyptens, Griechenlands [1] und Indiens vor und waren bereits mehrfach Thema einschlägiger Publikationen [2].

Die älteste, datierte Fabel eines Wettstreites der Lebenskräfte ist in Ägypten überliefert. Auf einer Schülertafel [3], vermutlich aus der XXII. Dynastie [4], wird der Streit des Leibes mit dem Kopf geschildert. Leider ist die Fabel nicht vollständig erhalten. Der Ausgang des Streites fehlt [5].

Bekannter ist die Fassung des Streites der Glieder mit dem Magen, die Fabel des MENENIUS AGRIPPA (Livius, II, 32) [6].

Die Fabel des Menenius Agrippa in ihrer politischen Dimension wird häufig als Äußerung der Unterdrückten im Kampf gegen die Herrschenden aufgefaßt. Hierzu meint SCHMIDT:

> „Schließlich widerspricht die Erzählung des Menenius Agrippa in ihrer handgreiflichen politischen Tendenz nachdrücklich jener heute gängigen Etikettierung der Fabel als ‚ein[em] Kampfmittel der Unterdrückten und Entrechteten', wovon wir insbesondere unter bestimmten weltanschaulich-politischen Vorzeichen so viel hören. ... Aus der problematischen Analogie einer Interdependenz aller am (Staats-) Körper beteiligten Glieder

---

1 Nach NESTLE, (1949/1979, S. 195) entstammt die Fabel des MENENIUS AGRIPPA der Homonoialiteratur des 5. vorchristlichen Jahrhunderts in Griechenland.

2 GOMBEL, (1934), VON DER LEYEN, (1953).

3 Die Fabel wurde von MASPERO, (1883) entdeckt.

4 Datierung nach ERMAN, (1923, S. 14f.); BRUNNER-TRAUT, (1977, S. 40) datiert die Fabel um 1100 v. Chr ins spätere Neue Reich.

5 Eine Übersetzung hat ERMAN, (1923, S. 224).

6 Die Fabel des MENENIUS AGRIPPA möchte eine Harmonie zwischen Magen und Gliedern erzielen. Dabei wird anders als in den Fabeln vom Wettstreit der Lebenskräfte nicht der Lebensträger ermittelt, sondern gezeigt, daß **auch der Magen** zur Lebenserhaltung beiträgt. Die gegenseitige Abhängigkeit wird betont. Die Überlieferungs- und Deutungsgeschichte der Fabel des MENENIUS AGRIPPA stellt PEIL, (1985) ausführlich dar.

läßt sich ein Konsens-Modell zur politischen Disziplinierung ableiten. Das Ergebnis darf verallgemeinert werden: Auch die ältesten griechischen Fabeln ziehen, soweit ihr Anwendungskontext überschaubar ist, aus dem thematisierten Verhältnis von Stark und Schwach, von Oben und Unten kaum klassenkämpferische Konsequenzen.“ (SCHMIDT, 1979, S. 79).

Wendet man sich der Fabel in Indien zu, so findet sich als Parallele zur ägyptischen Schülertafel und der Fabel des MENENIUS AGRIPPA in der Literatur[7] eine Fabel des Mahābhārata. (Mbh 14.22.14 ff.) Die Fabel schildert eine Auseinandersetzung zwischen *manas* und den *indriya* (Pl.; feinstoffliche Elemente; Sinnesorgane; Sinn, Sinnesvermögen). *manas* glaubt, die *indriya* (Pl.; Sinnesorgane) könnten nur durch es wahrnehmen. Dem halten sie entgegen, daß sie zwar nicht ohne *manas* wahrnähmen, dieses aber ohne ihre Hilfe nichts erfahren könnte. Außerdem könne es dem Hörvermögen z.B. nicht befehlen zu hören.

Die Fabel, auf die im einzelnen einzugehen den Rahmen dieses kurzen Ausblicks sprengen würde, weist Züge auf, die dem Gedankengut einer jüngeren philosophischen Richtung [*sāṃkhya*] entstammen. Damit ist Mbh 14.22.14ff. eindeutig jünger als die bislang behandelten Wettstreitfassungen. Es kann sich hierbei also nicht um die älteste Form des Wettstreites von Körperfunktionen handeln. „Bereits MAX MÜLLER glaubte, daß die Mahābhārata-Fabel die Existenz einer anschaulicheren und natürlicheren Form voraussetzt. Diese Meinung ist unbedingt einleuchtend, wie auch bei der ägyptischen Version ein Prototypus angenommen werden mußte.“(GOMBEL, 1934, S. 5). Diese Voraussetzungen erfüllt der Wettstreit zwischen *manas* und *vāc* (ŚB 1.4.5.8-12). Wobei hier jedoch, anders als bei dem Streit zwischen Gliedern und Magen, kein Konsens zwischen den Parteien besteht. Das Verhältnis zwischen *manas* und *vāc* ähnelt dem zwischen Herz und Zunge in Ägypten[8]. In Hinblick auf die bislang behandelten Wettstreitfassungen aufschlußreich ist die auf Mbh

[7] Vgl. GOMBEL, 1934, S.4, gibt Mbh XIV V. 1652ff. an und verweist gleichzeitig auf A. WEBER 1855, S. 369. WEBER nennt richtig Mbh XIV, 668 (=14.22.14 d. kritischen Ausgabe). Er kommt zu dem Schluß, daß die Fabel des Menenius Agrippa und die vergleichbaren indischen Fabeln unabhängig voneinander entstanden sind (ebd., S. 370).

[8] BRUNNER schreibt im Lexikon der Ägyptologie zur Funktion des Herzens: „Im Leben wie im Jenseits ist das H. für den Ägypter Zentrum des Menschen, für den Körper wie für Geist, Seele und Willen, für die Persönlichkeit wie die Verbindung zu Gott.“ (1977, S. 1159) Das Herz ist also von zentraler Bedeutung. „Besonders durchdacht haben äg. Theologen das Verhältnis von H. und Zunge. Nach dem Denkmal memphitischer Theologie leiten die Sinne aller Lebewesen Nachrichten von der Außenwelt zum Herzen, dieses beurteilt die Lage und faßt einen Entschluß,

14.22.1-29 folgende Fabel (Mbh 14.23.1-23). Die geschilderte „alte Geschichte" (*itihāsa purāṇa*, Mbh 14.23.1) weist in ihrem Ablauf und in ihrer Terminologie Ähnlichkeiten vor allem mit ChU 5.1.-2.2 ≠ BĀU 6.1 ≠ ŚĀ 9 auf. Die Geschichte wird innerhalb eines Dialoges zwischen einem Brahmanen und seiner Frau erzählt. Sie handelt vom höheren Wesen (*para bhāva*, Mbh 14.23.2) der fünf *hotṛ* (Priester): (1) *prāṇa* und (2) *apāna* sowie (3) *udāna*, (4) *samāna* und (5) *vyāna*[9]. Vorab wird die Beziehung der Hauche untereinander abgeklärt. So entsteht durch den (1) *prāṇa*, der Wind (*vāyu*) angesammelt hat, der *apāna*. Aus dem (2) *apāna*, in dem ebenfalls Wind angesammelt wurde, entsteht (5) *vyāna*. Entsprechend entwickelt sich aus *vyāna* (3) *udāna* und aus *udāna* (4) *samāna* (Mbh 14.23.4-5). Die so entstandenen Hauche gehen zu Prajāpati und möchten von ihm wissen, wer von ihnen der Vorzüglichste (*jyeṣṭha*) sei, denn ihn wollen diese zu ihrem Herrscher *śreṣṭha* machen (Mbh 14.23.6).

Nach einzelnen Abschnitten der Erzählung wird durch *brāhmaṇa uvāca* stets darauf hingewiesen, daß der Brahmane spricht. In Mbh 14.23.7 findet sich die abweichende Lesart *brahmôvāca* neben *brāhmaṇa uvāca*. *brahmā* wird dann auch in 14.23.21 mit Prajapati identifiziert. Brahman als Prajāpati nennt dann folgendes Kriterium:

yasmin pralīne pralayaṃ vrajanti
sarve prāṇāḥ prāṇabhṛtāṃ śarīre/
yasmin pracīrṇe ca punaś caranti
sa vai śreṣṭho gacchata yatra kāmaḥ
(MbH 14.23.7)

„Er, bei dem, nachdem er vernichtet wurde, alle im Körper [befindlichen] Hauche der Haucherhaltenden [lebenden Wesen] in die Vernichtung gehen, [und] bei dem, nachdem er losgegangen ist [alle] wieder gehen, der ist der Herrscher. Geht hin wohin ihr mögt (Mbh 14.23.7)."

Nachdem so das Kriterium für die Ermittlung des Herrschers verkündet wurde, findet ein ChU 5.1.8-5.1.11 ≠ BĀU 6.1.8-6.1.12 ≠ ŚĀ9.3-6.6 vergleichbarer Vorgang statt. *prāṇa* beginnt.

---

den dann die Zunge in Weisungen umsetzt. ... Das H. ist auch Befehlshaber aller Glieder, die zur Verfügung des H. stehen. ‚Die Worte des Herzens' sind die Gedanken, auch die Gottes, und der König, der sie ausführt, hat sie entsprechend ‚in seinem Munde', nämlich als Befehl. Hier wird der Gottheit das Erkennen und Denken, also das Herz, dem König die Ausführung, also die Zunge bzw. der Mund, zugeteilt." (ebd. 1977, S. 1163)

[9] Zu *apāna* s.o. S. 5f. *udāna* ist lt. pw „der sich von unten nach oben bewegende Wind im Körper" und *samāna* „eine der fictiven Arten des Atems, in der Medizin gefaßt als der Hauch, welcher, im Magen und in den Gedärmen tätig, das Feuer der Verdauung schürt, Durchfall und andere Krankheiten hervorbringt." Bei *vyāna* handelt es sich um den im ganzen Körper verbreiteten Lebenshauch.

prāṇa uvāca
mayi pralīne pralayaṃ vrajanti
sarve prāṇāḥ prāṇabhṛtāṃ śarīre/
mayi pracīrṇe ca punaś caranti
śreṣṭho hy ahaṃ paśyata māṃ pralīnam//
(Mbh 14.23.8)

Der *prāṇa* sprach:
„Wenn ich verloschen bin, verlöschen alle Haucherhaltenden im Körper und wenn ich losgegangen bin, gehen sie wieder. Denn der Herrscher bin ich. Seht mich als Verloschenen.“ (Mbh 14.23.8).

Dieser Vorgang wiederholt sich nun bei (2) *apāna*, (3) *vyāna*, (5) *samāna* und (4) *udāna* (MbH 14.23.10-21) und dabei wird die gegenseitige — zumeist paarweise — Abhängigkeit voneinander festgestellt. *prāṇa* und *apāṇa* sowie *vyāna* und *samāna* sind voneinander abhängig. *udāna* fällt aus diesem Schema heraus. Ihm ist *vyāna* untertan, selbst ist er keinem anderen Hauch untergeordnet. Möglicherweise handelt es sich um eine neue medizinische Anschauung, wonach Hauche paarweise angeordnet sind. Darauf deutet auch Mbh 14.24.3ff. hin. Auf die Frage des Ṛṣi Devamata nach dem Hauch, der zuerst bei einem gerade Geborenen existiert, antwortet Nārada:
yenâyaṃ sṛjyate jantus tato 'nyaḥ pūrvam eti tam/
prāṇadvaṃdvaṃ ca vijñeyaṃ tiryagaṃ[10] *côrdhvagaṃ ca yat// (Mbh 14.24.3)* Ein anderer als der, durch den das Geschöpf geschaffen wird, geht zuerst zu ihm; und das *prāṇa*paar soll man kennen, was waagerecht und nach oben geht (=*prāṇa/apāna*, s. Mbh 14.24.9) (Mbh 14.24.3). Dieses Rätselwort wird durch weitere Fragen und Antworten erläutert, doch muß dies hier genügen.

Am Schluß der Erzählung (Mbh 14.23.21-24) faßt Brahman (m.) als Prajāpati das Ergebnis des Versuches, den Herrscher zu ermitteln, zusammen.

tatas tān abravīd brahmā samavêtān[11] *prajāpatiḥ/*
sarve śreṣṭhā na vā śreṣṭhāḥ sarve cânyônyadharmiṇaḥ/
sarve svaviṣaye śreṣṭhāḥ sarve cânyonyarakṣiṇaḥ
(Mbh 14.23.22)
ekaḥ sthiraś câsthiraś ca viśeṣāt pañcavāyavaḥ/
eka eva mamâivâtmā bahudhâpy upacīyate// (Mbh 14.23.23)
parasparasya suhṛdo bhāvayantaḥ parasparam/
svasti vrajata bhadraṃ vo dhārayadhvaṃ parasparam// (Mbh 14.23.24)

---

[10] V.l. *avāggaṃ*. Wahrscheinlich ist für *tiryaga tiryagga* („in die Quere-, waagerecht gehend“, pw) zu lesen.
[11] *V.l. samêtān vai.*

Daraufhin sprach zu diesen Versammelten [der Gott] Brahman (m.) als Herr der Geschöpfe (Prajāpati):
„Alle sind Herrscher oder sind keine Herrscher, und alle haben Pflichten(*dharma*) gegeneinander.
Alle sind Herrscher in ihrem eigenen Bereich, und schützen einander gegenseitig. (Mbh 14.23.22)
Ein einziger ist sowohl feststehend als auch beweglich. Aufgrund der Differenzierung sind es fünf Winde. Eben dieser, mein einziger *ātman* ist auch in vielen Formen aufgehäuft. (Mbh 14.23.24)
Als Freunde für den jeweils anderen bringt einander zur Entfaltung! Geht glücklich! Segen Euch! Stützt einander!" (Mbh 14.23.24)

Brahman (m.)/*ātman* gibt sich hier als das in Mbh 14.23.2 angesprochene höhere Wesen der Hauche zu erkennen. Den Nachweis dafür bleibt er allerdings schuldig.

Ohne auf die medizinische Lehre von den fünf Hauchen näher eingehen zu können — müßten doch hierzu zahlreiche Vergleichstexte auch aus der älteren Literatur herangezogen werden — soll der Ablauf und die Terminologie der Fabel mit der der Wettstreitfabeln verglichen werden.

- Wie ŚĀ 9 ist auch Mbh 14.23 keine Wettstreitfabel. Die Wettstreitfabel muß aber noch so populär gewesen sein, daß der Ablauf und die Terminologie immer noch prägend waren für ähnliche Inhalte.
- So soll der *jyeṣṭha* ermittelt und zum *śreṣṭha* (Herrscher) „gemacht" werden. Hier haben wir die beiden Attribute für den Lebensträger *prāṇa* aus der Wind-Atem-Lehre.
- Prajāpati tritt in seiner alten Schiedsrichterfunktion noch auf. Er ist nicht gänzlich durch Brahman (n.) verdrängt worden, wie in BĀU 6.1.7, sondern mit Brahman (m.) gleichsam verschmolzen.
- Es wird beschrieben, welches Kriterium ein Herrscher erfüllen muß. Das genannte Kriterium erinnert an PrU 2.4. Dort wird der *prāṇa* als Herrscher anerkannt, weil er, wenn er steht, alle Kräfte veranlaßt ebenfalls stehen zu bleiben. Bewegt sich der *prāṇa* wieder, müssen ihm alle folgen.
- Durch dieses Kriteriums soll in einem „Versuch" der Herrscher ermittelt werden. Dies entspricht der einjährigen Abwesenheit der einzelnen Lebenskräfte vom Körper im Wettstreit der Lebenskräfte ChU 5.1.8-11 ≠ BĀU 6.1.8-12 ≠ ŚĀ 9.3-9.6.

Besonders aufschlußreich ist der oben zitierte Schluß, der eine neue Tendenz offenbart. In den Vordergrund tritt nun der Ausgleich zwischen den verschiedenen Hauchen als verschiedene Aufgabenträger sowie das Kennen und Erfüllen der jeweils spezifischen Pflicht (*dharma*) bzw. Aufgabe und der gegenseitige Schutz. Das Kennen der eigenen Pflicht/Festlegung und die Ordnung des Kosmos trat im Rahmen eines Wettstreites der Lebenskräfte erstmals in BĀU 1.5.21-23 auf[12]. Dort — noch mit Prajāpati als Schöpfergott — legen die Lebenskräfte und die makrokosmischen Kräfte ihre Bestimmung fest (*dhṛ*) und die Götter lenken die Ordnung im Kosmos für alle Zeiten durch die Aktivität des Windes. Auf die indische Gesellschaft übertragen bedeutet dies: die komplexer und vielschichtiger gewordene indische Gesellschaft[13] bedarf vermehrt einer regelnden Ordnung. Damit einher geht die Bedeutung von Brahman (m.). BAILEY[14] konnte feststellen, daß Prajāpati für die Erschaffung des Kosmos und Brahman (m.) primär für die Ordnung innerhalb der Gesellschaft verantwortlich war. Vor diesem Hintergrund wird verständlich, warum Brahman (m.), der die Wesen auffordert, in Frieden miteinander, der eigenen Pflicht bewußt, zu leben, mit Prajāpati identifiziert wird. Ein Prozeß, der sich in BĀU 6.1.7 durch Nennung Brahmans (n.; also noch nicht der Gott Brahman), bei gleichzeitiger Verdrängung Prajāpatis, anbahnte, ist hier beendet. Brahman (m.) ist das höchste Wesen (*para bhāva*), dessen *ātman* vervielfältigt vorkommt. D.h. die *ātman*-Brahman Philosophie ist bekannt. Interessant ist, daß *ātman*/Brahman *sthira* und *asthira* ist. Das erinnert an die oben[15] angeführte *ātman*-Umschreibung. *ātman*-Brahman übernimmt die Funktion von *prāṇa/vāyu*.

Die Fabel spiegelt die komplexer gewordene, vielschichtigere indische Gesellschaft zur Zeit der Epen wieder. Sie führt — wie die Fabel des MENENIUS AGRIPPA — ein Konsens-Modell[16] vor.

12 S. S. 122-125.

13 Vgl. KULKE, oben S. 13 zitiert.

14 S. o. S. 98.

15 S. S. 115, Anm. 12 und S. 121.

16 S. SCHMIDT, oben S. 132.

10. Die Entwicklungsstufen der Wind-Atem-Lehre

Betrachtet man die Einzelergebnisse hinsichtlich ihrer Bedeutung für die Wind-Atem-Lehre als Naturphilosophie, so läßt sich eine Entwicklungslinie erkennen, die in drei Stadien verläuft und in einem Überblick dargestellt werden soll. Daneben konnten, vermittelt durch Begriffe wie *jyeṣṭha*, *śreṣṭha*, *kula* und *bali*[1], Hinweise auf gesellschaftliche Verhältnisse zur Zeit der Upaniṣaden gewonnen werden.

1. Aufgrund der Interpretation konnte festgestellt werden, daß die älteste Stufe der Wind-Atem-Lehre enthalten ist in den Rätselversen in JUB 3.2.2 u. 4 ≠ ChU 4.3.6 u. 7. In ihnen wird der *prāṇa* als Lebensträger beschrieben, in den *vāc* (Rede), *cakṣus* (Sehvermögen), *śrotra* (Hörvermögen) und *manas* eingehen, während der *prāṇa* selbst, beim Tod, in den Wind eintritt.

Hervorzuheben ist, daß in der älteren Fassung JUB 3.2.2 u. 4 der Kṣatriya Abhipratārin Kākṣaseni die Rätselfrage des Brahmanen (s. Kap. 3) beantworten kann, während der Brahmane Śaunaka Kāpeya dazu nicht in der Lage ist. Der Kṣatriya ist dem Brahmanen überlegen.

Das gleiche Verhältnis zwischen Kṣatriyas und Brahmanen, das durch die Vormachtstellung des Kṣatriya gekennzeichnet ist, dokumentiert der (vor?)-naturphilosophische Text des Wettstreites zwischen *manas* (Denkvermögen=Kṣatriya) und *vāc* (Rede=Brahmane) in ŚB 1.4.5.8-12 (Kap. 4).

Der älteste naturphilosophisch bedeutsame Kern der Wind-Atem-Lehre in den älteren Upaniṣaden, wie er sich in den Strophen JUB 3.2.2-4 darstellt, findet sich ebenfalls wieder in den Fabeln des Wettstreites der Lebenskräfte (ChU 5.1-2.2 ≠ BĀU 6.1 ≠ ŚĀ 9). Bei diesen drei Versionen konnten tendenziell unterschiedliche Ausprägungen der Wind-Atem-Lehre nachgewiesen werden. Die ChU 5.1-2.2 hat den Wettstreit der Lebenskräfte am getreuesten bewahrt. Der *prāṇa* ist der Lebensträger und damit Herrscher über den Körper und im übertragenen Sinne über den „gesellschaftlichen Körper". In BĀU 6.1 ist der *prāṇa* zwar auch Sieger des Wettstreites, doch werden *vāc* (Rede) und Brahman (n.) gegenüber dem *prāṇa* mehr hervorgehoben. Das Verhältnis zwischen

[1] Vgl. Kap. 2.

Brahmanen und Kṣatriyas beginnt, sich in den Textzeugnissen zu Gunsten der Brahmanen zu verschieben. Damit einher geht die Ablösung des Schöpfergottes Prajāpati durch Brahman (zuerst n. später m.) als Ordner der Gesellschaft.

ŚĀ 9 entfernte das Motiv des Wettstreites ganz und veränderte die Struktur sowie den Inhalt der Fabel so, daß der *prāṇa* zwar noch Lebensträger ist, aber seine lebenswichtige Position nicht entsprechend gewürdigt wird, wie es in ChU 5.1-2.2 geschieht.

Alle drei Parallelfassungen sind eingebunden in die Rührtrankzeremonie. Die in den Fabeln festgestellten Tendenzen sind auch in der Rührtrankzeremonie vorhanden. So wird in der Rührtrankzeremonie ChU 5.1.7 der *prāṇa* (der gleichzeitig mit dem Rührtrank assoziiert wird) mit einem weltlichen Herrscher (*jyeṣṭha*, *śreṣṭha*, *adhipati*, *rājan*), gleichgesetzt, und er soll durch magische Analogie zur Erringung weltlicher Macht verhelfen. In BĀU 6.3.5 wird zwar auch der Wunsch, König zu werden, geäußert, doch wird hier *prāṇa* zurückgedrängt und an seine Stelle nur der Rührtrank — und die damit verbundenen opferrituellen Handlungen — gesetzt.

Die Rührtrankzeremonie in ŚĀ 9 hat nicht das Ziel, den Opferherrn zu Königtum und Oberherrschaft gelangen zu lassen, sondern „nur" zu Großem. Hiermit korrespondieren auf der Ebene der Fabel die Schwächung der Funktion des *prāṇa* und der Wegfall des Wettstreites um die Position des Herrschers. Ein Ritual, das zuvor (in der Version der ChU und BĀU) ausschließlich Kreisen des Adels vorbehalten war, da sie allein die Anwärter auf den „Thron" stellten, wurde in ŚĀ 9 vereinfacht. Doch muß auch die derart vereinfachte Rührtrankzeremonie von hohem Prestigewert gewesen sein.

2. Die Wind-Atem-Lehre der zweiten Stufe enthält die auf den Makrokosmos ausgedehnte Wind-Atem-Lehre der ersten Stufe. Zeugnis hierfür legen BĀU 1.5.21-23 und JUB 3.1-2 ab. Die Ausweitung auf den makrokosmischen Bereich geschieht so, daß die Verhältnisse im menschlichen Körper auf den Kosmos übertragen werden. So wie der *prāṇa* stets aktiv ist, während die anderen Lebenskräfte im Schlaf ruhen, ist auch sein makrokosmisches Pendant der Wind stets in Bewegung oder, bei Windstille, eins mit dem aktiven *prāṇa*. Es wird also geschlossen: Die Lebenskräfte werden alle in *prāṇa* vereint, also müssen alle „beweglichen, lebenden" makrokosmischen Kräfte ebenfalls in *vāyu* eingehen. Diese Weiterentwicklung der Wind-Atem-Lehre ist insofern noch naturphilosophisch, als ein „logischer" Schluß gezogen wurde von der Ebene des Menschen auf die des Kosmos, wobei die Grundlage dafür das naturphilosophische

Wissen um den Lebensträger *prāṇa* war. Es ist keine Analogie im Sinne der Magie, sondern die Übertragung rational erkannter Verhältnisse der mikrokosmischen Ebene auf den Makrokosmos, die einen plausiblen Sinn ergibt. Entscheidend ist dabei sowohl für den Mikro- wie für den Makrokosmos die ununterbrochene Aktivität des *prāṇa* und des *vāyu*.

Diese Weiterentwicklung bleibt nicht ohne Auswirkungen auf das Schicksal der Wind-Atem-Lehre. Durch die Annahme einer naturphilosophisch begründeten Wechselwirkung zwischen Mikro- und Makrokosmos werden ältere, nach dem magischen Grundsatz der Analogie operierende Mikro-/Makrokosmos-Schemata aus den Mythen der Brāhmaṇas den Bedürfnissen der neuen Wind-Atem-Lehre entsprechend angepaßt (JUB 3.1-3). Ebenfalls finden Motive aus Schöpfungsmythen Eingang in Wettstreitversionen. Als Beispiel sei das selbständige Existieren von Lebenskräften nach der Entlassung aus einem Schöpfergott genannt, wie es zu Beginn von Schöpfungsmythen geschildert wird (z.B. in AiU) und im Wettstreit BĀU 1.5.21-23 wieder vorkommt.

Beide Entwicklungen, die naturphilosophische Erweiterung der Lehre und das Wiederaufleben alter kosmogonischer Elemente, konnten in JUB 3.1-2 und BĀU 1.5.21-23 herausgearbeitet werden. Für BĀU 1.5.21-23 ist darüberhinaus bezeichnend, daß der bislang zwangsläufig auf den Mikrokosmos, also den Körper beschränkte Wettstreit der Lebenskräfte durch das neu eingefügte Streitkriterium, die beständige Aktivität von *prāṇa* und *vāyu* (vorher war es die Frage nach *śreṣṭha*), auf den Makro- kosmos übertragen wurde. Die Fabel wurde der weiterentwickelten Wind-Atem-Lehre angepaßt.

In JUB 3.1-2 finden sich, von der Erzählung um Śaunaka Kāpeya und Abhipratārin Kākṣaseni abgesehen, die die Überlegenheit des Kṣatriya deutlich demonstriert, keine Hinweise, die Aufschluß über gesellschaftliche Verhältnisse geben könnten. Anders ist dies in BĀU 1.5.21-23. In BĀU 1.5.21 schimmert noch die Ausgangsfrage des ursprünglichen Wettstreites der Lebenskräfte nach *śreṣṭha*, der vorzüglichsten Lebenskraft und dem Herrscher, durch. Gleichzeitig wird ausgesagt, daß die Lebenskräfte, die ihn als *śreṣṭha* erkennen, zu seinem *kula* (Speisegemeinschaft) gehören. Hierin kann ein Hinweis auf die gesellschaftliche Institution der Speisegemeinschaft gesehen werden, die in der Fabel wie in der Realität nach dem wichtigsten Mitglied (*prāṇa; pater familias*) benannt wurde, weshalb sich in BĀU 1.5.21 die Lebenskräfte *prāṇa* (pl.) nennen. Es handelt sich hier nicht mehr um die Ebene der höchsten gesellschaftlichen Schicht, sondern um eine Kleinstorganisation mit dem Charakter einer Großfamilie.

BĀU 1.5.21-23 zeigt sich noch in anderer Hinsicht als sehr aufschlußreich. Der Begriff des *dharma* wird mit der Wind-Atem-Lehre verbunden und bezeichnet die kosmische Ordnung, die durch die ununterbrochene Tätigkeit von *prāṇa/vāyu* bestimmt wird. Zudem schildert der Text, wie die einzelnen Lebenskräfte (mikro- und makroskosmische) am Urbeginn der Schöpfung beschließen (*dhṛ*), jeweils eine spezifische Tätigkeit auszuüben. In diesem Kontext finden sich erste Spuren einer Erlösungslehre im Zusammenhang mit der Wind-Atem-Lehre. Der Mensch, der das *vrata* befolgt, möchte Teil haben an der Welt der unsterblichen Gottheit.

3. Die dritte Stufe der Wind-Atem-Lehre zeichnet sich dadurch aus, daß die Kernaussage — *prāṇa* ist der Lebensträger und identisch mit *vāyu* — in erstarrter Form erhalten blieb und in Texten tradiert wurde, die insofern als abgesunken betrachtet werden müssen, als sie nicht mehr naturphilosophisch orientiert sind oder die Wind-Atem-Lehre neben anderen Anschauungen abhandeln, ohne eine innere Verbindung herzustellen.

So ist in PrU 2.1-4 nur noch der *prāṇa* als Lebensträger und ein eher fragmentarisch erhaltener Streit enthalten, wobei auf der makrokosmischen Ebene *ākāśa* als neue Größe vor dem Wind erscheint (Kap. 8). Auf die gesellschaftliche Ebene wird nicht Bezug genommen, sieht man von dem Vergleich des *prāṇa* mit einem Bienenkönig (im Sanskrit masculin) ab, der bei seinem Auszug alle Bienen hinter sich herzieht.

Zur dritten Stufe gehört auch KauU 2.14. Zwar blieb hier die naturphilosophische Kernaussage der Wind-Atem-Lehre erhalten, die Darstellung des Wettstreites aber ist nicht rational. Ein unbelebter Körper beginnt beim Eintritt der Rede zu reden, beim Hineingehen des Sehvermögens zu sehen und so weiter, jedoch erst durch den *prāṇa* zu leben. Dies ist nicht naturphilosophisch, mag aber zurückgehen auf kosmogonische Elemente, und zwar derart, daß die Lebenskräfte bei ihrer Schöpfung durch einen Schöpfergott nicht an einen Stützpunkt (*āyatana*) gebunden sind und daher selbständig agieren können. Gleichzeitig deutet sich aber auch eine Veränderung der erstarrten Wind-Atem-Lehre an, und hierin liegt die Besonderheit von KauU 2.14. Die Lebenskräfte, die in den *prāṇa* eingehen, tun dies *prajñā*-artig, da sie den *prāṇa* zuvor als *prajñā*-artig erkannt haben. *prāṇa* ist nicht mehr nur der Lebensträger, sondern nun seinem Wesen nach *prajñā* und so in der Lage die Lebenskräfte über den Tod hinauszuführen. Mit dieser Vorstellung ist der Wunsch des Wissenden/Erkennenden verbunden, zur Sonne, dem Ort der unsterblichen Götter, zu gelangen, um selber unsterblich zu werden.

Ebenfalls mit zur dritten Stufe gehört ChU 4.1-3, die Erzählung um Raikva und Jānaśruti Pautrāyaṇa (Kap. 3). Der wohltätige Jānaśruti wird vom wissenden Raikva gedemütigt und ist ihm als Schüler untergeordnet. Hier hat sich das ursprüngliche Verhältnis zwischen Kṣatriyas und Brahmanen umgekehrt, das in der ersten Stufe der Wind-Atem-Lehre durch die eindeutige gesellschaftliche und philosophische Überlegenheit des Kṣatriya gekennzeichnet war. Der Brahmane triumphiert durch das Wissen um die Wind-Atem-Lehre (das hier abgesunken in magischen Kontexten erscheint) über den reichen Kṣatriya. Selbst wenn es sich um brahmanisches Wunschdenken handeln sollte, dokumentiert die Erzählung doch das Selbstverständnis und das angestrebte Ziel dieser Gruppe.

Die Wind-Atem-Lehre ist in diesem Kontext nur als erstarrte Kernaussage vom Wind und Atem als An-sich-Raffer enthalten. Sie ließ sich gut in den Kontext des An-sich-Raffers Raikva einfügen und stellt zudem gegenüber dem Inhalt der Strophen die aktuellere Fassung dar. Die untergeordnete Bedeutung der Wind-Atem-Lehre wird auch dadurch ersichtlich, daß die *virāj* als neue Gottheit dem Paar *prāṇa/vāyu* übergeordnet wird.

Die Erzählung von Raikva und Jānaśruti Pautrāyaṇa erhellt besonders deutlich die Quellenlage der älteren indischen Literatur, umfaßt doch der Text in seiner ältesten Schicht (ChU 4.3.6 u. 7) die Wind-Atem-Lehre der frühesten Stufe in Form der abgewandelten Strophen. Die Tendenz innerhalb des Prosateiles, die Dominanz der Brahmanen herauszustellen, wird durch die Modifizierung des Kontextes auch in den Strophen fortgesetzt. Anders als in den Strophen JUB 3.2.2-4, beantwortet nun der Brahmane und nicht der Kṣatriya die Frage des Brahmanenschülers (in JUB ein Brahmane). Ebenfalls enthält ChU 4.1-3 die auf den Makrokosmos ausgedehnte Wind-Atem-Lehre (zweite Stufe) als verselbständigte Kernaussage, deren Wissen dem Brahmanen Raikva seine Dominanz gewährleistet. Zum Schluß wird das Paar *prāṇavāyu* durch die neue Gottheit *virāj* überhöht.

Zusammenfassend läßt sich feststellen: Die ursprünglich auf den Körper beschränkte Wind-Atem-Lehre mit dem Lebensträger *prāṇa*, dessen makrokosmisches Pendant *vāyu* ist (erste Stufe), wurde naturphilosophisch mittels der Beobachtung der beständigen Aktivität von *prāṇa* und *vāyu* auf den Makrokosmos ausgedehnt (zweite Stufe). Durch diese Ausweitung auf den Makrokosmos drangen alte, magisch-mythische Elemente und Vorstellungsweisen in den naturphilosophischen Kontext ein. Weiterhin, und teilweise sicher als Folge dieser Entwicklung, existieren Textzeugnisse (KauU 2.14, PrU 2.1-4, ChU 4.1-3), in denen die Wind-Atem-Lehre als erstarrte Kernaussage in nichtnaturphilosophischen Umfeldern weitertradiert wurde (dritte Stufe). Parallel hierzu kann beobachtet werden, wie die Vormachtstellung der Kṣatriyas auf gesellschaftlichem und philosophischem Gebiet (ŚB 1.4.5.8-12, JUB 3.2.2-4, ChU 5.1-2) im Falle eines Konfliktes durch die Brahmanen streitig gemacht wurde. Diese Entwicklung gipfelt in einer Überlegenheit der Brahmanen (zumindest im brahmanischen Selbstverständnis) über die Kṣatriya (ChU 4.1-3)[2]. Die vermutlich im „brahmanischen Vakuum" entstandenen naturphilosophischen Texte zur Wind-Atem-Lehre wurden im Zuge der brahmanischen Reaktion ihrer magisch-mythischen Textmasse wieder einverleibt und die im Puruṣa-Sūkta angestrebte Rangfolge Brahmane/Kṣatriya auch auf rationalem, naturphilosophischen Gebiet wiederhergestellt. Gleichzeitig wuchs die Bedeutung von Brahman als Ordner der Gesellschaft. In dieser Hinsicht aufschlußreich ist Mbh 14.23.1-23. Die darin vorkommenden fünf Hauche sind paarweise aneinander gebunden. Brahman (m.) als Prajāpati betont die Gleichwertigkeit der Hauche. Nicht mehr die Ermittlung des Herrschers steht im Mittelpunkt, wenngleich der außere Ablauf der Geschichte noch stark durch die Form der Wettstreitfabel geprägt ist, sondern der Konsens zwischen den Hauchen, die Erfüllung der eigenen Pflichten und ein Leben in Frieden.

Die o.g. drei Entwicklungsstufen der Wind-Atem-Lehre [3] sind daher nicht nur durch eine zeitliche Aufeinanderfolge gekennzeichnet, sondern auch durch ein Absinken der „Qualität" der Textzeugnisse, insofern man als Qualitätskriterium den naturphilosophischen Gehalt ansetzt.

Eingangs wurde Stellung genommen zu einer geeigneten Methode der Upaniṣad-Betrachtung (s. S. 11f.). Durch eine redaktionskritische und, soweit möglich, textkritische Untersuchung in sich geschlossener Textpassagen der älteren Upaniṣaden kann sowohl die zeitliche Dimension eines Textes (unterschiedliche Textschichten, wie z.B. in JUB 3.1-4 und ChU 4.1-3) erfaßt werden als auch die Wandlung des Inhalts, gewisser-

---

[2] Daß das Verhältnis im „Alltag" zwischen Brahmanen und Kṣatriyas ein sehr enges ist, zeigt HEESTERMANN (1957, S. 226; vgl auch Kap. 2).

[3] Vgl. auch HUIZINGA, der in seinem Werk „Homo ludens" beschrieben hat, wie sich Kultur spielerisch entfaltet in den Ausdrucksformen der Rätsel, Fabeln und Sprichwörter (HUIZINGA, 1956, S. 119) und wie aus dem kultischen Wettkampf philosophisches Denken geboren wird, „ ... nicht aus **eitlem Spiel** (Hervorhebungen durch HUIZINGA), sondern **in heiligem** Spiel. Weisheit wird hier als ein heiliges Kunststück geübt. Die Philosophie sprießt hier in Spielform auf. Die kosmogonische Frage ist nun einmal eine primäre Beschäftigung des menschlichen Geistes" (ebd., S. 122). Diese Formen des Spiels finden sich auch in den Texten zur Wind-Atem-Lehre. Doch ist dieser mehr soziologische Aspekt hier nicht weiter zu verfolgen.

maßen die „qualitative“ Dimension, die bei der Wind-Atem-Lehre durch die Brahmanisierung bedingt ist.

Literaturverzeichnis

Textausgaben und Übersetzungen

TH. AUFRECHT, 1877, Die Hymnen des Rigveda, 2 Bde., unveränderter fotomechanischer Ndr. d. 2. Aufl. von 1877, Wiesbaden ³1955.

TH. AUFRECHT, 1979, Das Aitareya-Brāhmaṇa. Ndr. d. Ausgabe Bonn 1879, Hildesheim/New York 1975.

O. BÖHTLINGK (Hg.), 1889a, Khândogjopanishad. Leipzig 1889a.

O. BÖHTLINGK (Hg.), 1889b, Bṛhadâraṇjakopanishad in der Mâdhjaṁdina-Recension, St. Petersburg 1889b.

W. CALAND, 1900/1967, Kauśikasūtra. Altindisches Zauberritual. Probe einer Übersetzung der wichtigsten Teile (Verhandelingen der Koninklijke Akademie van Wetenschappen te Amsterdam, Afdeeling Letterkunde, Nieuwe Reeks, Deel III, N° 2.), Amsterdam 1900, Neudr. 1967.

A. WEBER (Hg.), 1964, Śatapathabrāhmaṇam (Chowkhamba Sanskrit Series, vol. 96), Varanasi ²1964.

B. DEV (Hg.), 1980, Śāṅkhāyanāraṇyakam, Hoshiarpur 1980.

J. EGGELING, 1882–1900/1963, The Śatapatha-Brāhmaṇa. According to the text of the Mādhyandina School, vol. 26 (The Sacred Books of the East, hg. v. M. MÜLLER, vols. 12, 26, 41, 43, 44), Delhi/Varanasi/Patna ²1963.

A. FRENZ, 1968, Kauṣītaki Upaniṣad. In: IIJ 11 (1968–69), S. 79-129.

K.F. GELDNER, 1951/1956, Der Rig-Veda, aus dem Sanskrit ins Deutsche übersetzt und mit einem laufenden Kommentar versehen (Harvard Oriental Series, vol. 33-36), Bde. 1-4, Cambridge, Massachusetts/London/Wiesbaden 1951 (Bd. 1-3), 1957 (Bd. 4).

V.P. LIMAYE/R.D. VADEKAR (Editors), 1958, Eighteen Principal Upaniṣads, Bd. I, Poona 1958.

H. OERTEL, 1892, Extracts from the Jaiminīya-Brāhmaṇa and Upanishad-Brāhmaṇa, parallel to passages of the Śatapatha-Brāhmaṇa and Chāndogya-Upaniṣad. In: JAOS, Bd. 15, 1892, 233-251.

H. OERTEL, 1893, The Jaiminīya or Talavakāra Upaniṣad Brāhmaṇaḥ. Text, Translation, and Notes, in: JAOS 16 (1893), S. 97ff.

VIŚVA BANDHU (Hg.), 1961, Atharvaveda (Śaunaka), Vishveshvaranand Indological Series 14, Hoshiarpur 1961.

V.S. SUKTHANKAR/S.K. BELVALKAR (Editors), The Mahābhārata for the first time critically edited, vol. 18, The Āśvamedhikaparvan, ed. by R.D. KARMARKAR, Poona 1960.

W.D. WHITNEY (Translated by), 1962, Atharva-Veda Saṃhitā, 2 Vols., Delhi/Patna/Varanasi 1962.

Sekundärliteratur

APEL/LUDZ, 1976, Philosophisches Wörterbuch (Sammlung GBchen, Bd. 2202), 6. Aufl. bearb. v. P. LUDZ, Berlin 1976.

G. BAILEY, 1983, The mythology of Brahmā, Oxford University Press, Bombay/Calcutta/Madras 1983.

A. BERTHOLET, 1926/27, Das Wesen der Magie. In: Aus den Nachrichten der Gesellschaft der Wissenschaften zu Göttingen, Geschäftliche Mitteilungen, 1926/27, S. 1-23.

M. BIARDEAU, 1964, Théorie de la connaissance et philosophie de la parole dans le brahmanisme classique (Le monde d'outre-mer passé et présent, première série, études XXIII), Paris 1964.

H.W. BODEWITZ, 1973, Jaiminīya Brāhmaṇa I, 1-65. Translation and Commentary with a study agnihotra and prāṇāgnihotra (Orientalia Rheno Traiectina, ed. by J. Gonda/H.W. Obbink, vol. 17), Leiden 1973.

H.W. BODEWITZ, 1990, The Jyotiṣṭoma Ritual, Jaiminīya Brāhmaṇa 1.66-364 (Orientalia Rheno Traiectina, ed. by J. Gonda, vol. 34), Leiden 1990.

O. BÖHTLINGK/R. ROTH, 1855-1875, Sanskrit-Wörterbuch, hg. v. der Kaiserlichen Akademie der Wissenschaften, St. Petersburg 1855-1875, „Großes Petersburger Wörterbuch"(PW)

O. BÖHTLINGK, 1879–1889, Sanskrit-Wörterbuch in kürzerer Fassung, unveränderter Abdruck der Fassung Petersburg 1879–1889, Graz 1959, „Kleines Petersburger Wörterbuch" (pw).

M. BOLAND/U. WESSEL, 1993, Indische Spiritualität und griechischer Logos — Ein Gegensatz? Griechische und indische Naturphilosophie im Vergleich. In: Jahrbuch für Religionswissenschaft und Theologie der Religionen, Bd. 1, Freiburg (Breisgau), Basel, Wien 1993, S. 90-117.

W. BROWN, 1919, Prāṇa und Apāna. In: JAOS 39 (1919), S. 104-112.

H. BRUNNER, 1977, Art. Herz. In: Lexikon der Ägyptologie, hg. v. W. HELCK/W. WESTENDORF, Bd. II, Wiesbaden 1977, Sp. 1158-1168.

E. BRUNNER-TRAUT, 1977, Altägyptische Tiergeschichte und Fabel. Gestalt und Strahlkraft, Darmstadt ^{5}1977.

W. CALAND, 1900/1967, Kauśikasūtra. Altindisches Zauberritual. Probe einer Übersetzung der wichtigsten Teile (Verhandelingen der Koninklijke Akademie van Wetenschappen te Amsterdam, Afdeeling Letterkunde, Nieuwe Reeks, Deel III, n° 2.), Amsterdam 1900, Ndr. 1967.

W. CALAND, 1901, Zur Exegese und Kritik der rituellen Sūtras. In: ZDMG 55 (1901), S. 261-266.

O. CRUSIUS, 1879, De Babrii aetate, Leipziger Studien II, 1879.

R.N. DANDEKAR 1938, Der vedische Mensch, Studien zur Selbstauffassung des Inders in Ṛg- und Atharvaveda (Indogermanische Bibliothek, hg. v. H. GÜNTERT, 3. Abteilung, Bd. 16), Heidelberg 1938.

B. DELBRÜCK, 1888, Altindische Syntax, reprografischer Ndr. d. 1. Aufl., Halle an der Saale 1888 (Syntaktische Forschungen, Bd. V), Darmstadt 1968.

P. DEUSSEN, 1915, Allgemeine Geschichte der Philosophie mit besonderer Berücksichtigung der Religionen, Bd. 1, 1. Abt.: Allgemeine Einleitung und Philosophie des Veda bis auf die Upanishad's, Leipzig ^{3}1915.

P. DEUSSEN, 1920, Allgemeine Geschichte der Philosophie mit besonderer Berücksichtigung der Religionen, B.d 1, 2. Abt.: Die Philosophie der Upanishad's, Leipzig [4]1920.

P. DEUSSEN, 1920, Allgemeine Geschichte der Philosophie mit besonderer Berücksichtigung der Religionen, Bd. 1, 3. Abt.: Die nachvedische Philosophie der Inder, Leipzig 1920.

P. DEUSSEN, 1921, 60 Upaniṣads des Veda, Leipzig 1897, fotomechanischer Ndr. d. 3. Aufl., Leipzig 1921, Darmstadt [4]1963.

H. DIELS/W. KRANZ (Hg.), 1961, Die Fragmente der Vorsokratiker, 3 Bde., Berlin [10]1961 (= [5]1951).

R. DITHMAR, Fabeln, Parabeln und Gleichnisse, 5. erw. Auflage, München 1978.

P.-E. DUMONT, 1957, The Meaning of prāṇa and apāna in the Taittirīya-Brāhmaṇa. In: JAOS 77 (1957), S. 46-47.

F. EDGERTON, Prāṇa and Apāna. In: JAOS 78 (1958), S. 51-54.

A. ERMAN, 1923, Die Literatur der Aegypter. Gedichte, Erzählungen und Lehrbücher aus dem 3. und 2. Jahrtausend v. Chr., Leipzig 1923.

A.H. EWING, 1954, The Hindu Conception of the Functions of Breath, A Study in Early Hindu Psycho-Physics. In: JAOS 22 (1901), p. 249-308.

H. FALK, 1986, Bruderschaft und Würfelspiel. Untersuchungen zur Entwicklungsgeschichte des vedischen Opfers. Freiburg 1986.

E. FRAUWALLNER, 1926, Untersuchungen zu den älteren Upaniṣaden. In: Zs. f. Indologie und Iranistik, Bd. 4 (1926), S. 1-45.

E. FRAUWALLNER, 1953, Geschichte der indischen Philosophie, Bd. I, Salzburg 1953.

E. FRAUWALLNER, 1992, Philosophische Texte des Hinduismus, Nachgelassene Werke II, hrsg. v. G. Oberhammer/Ch. H. Werba (Österreichische Akademie der Wissenschaften, philosophisch-historische Klasse, Sitzungsberichte, 588. Band) Veröffentlichungen der Kommission für Sprache und Kulturen Südasiens Nr. 26, Wien 1992.

J.G. FRAZER, 1927-1936, The golden Bough, 3. Aufl., 12 Bde., 1927–1936 London.

A. FRENZ, 1966, Über die Verben im Jaiminīya Brāhmaṇa, (Diss.), Marburg 1966.

CH. GALTIER, 1963, Comment to: WAX, M. AND R., The Notion of Magic, in: Current Anthropology, A World Journal of the Science of Man, Dec. 1963, pages 495-518, here p. 506.

R. GEIB, Die Formel *ā́yus prá tṝ* im Ṛg-Veda. In: IIJ 16 (1974/75), S. 269-283.

H. GOMBEL, 1934, Die Fabel „Vom Magen und den Gliedern“ in der Weltliteratur. Mit besonderer Berücksichtigung der romanischen Fabelliteratur (Beihefte zur Zs. f. Romanische Philologie, H. LXXX, hg. v. A. HILKA), Halle (Saale) 1934.

J. GONDA, 1975, Vedic Literature (A History of Indian Literature, ed. by J. Gonda, vol. 1, Wiesbaden 1975.

J. GONDA, 1975a, Selected Studies, vol. II, Sanskrit Word Studies, *pratiṣṭhā*, S. 338-374, Leiden 1975, zuerst erschienen in: Saṃjñāvyākaraṇam, Studia Indologica Internationalia I. Centre for International Indological Research, Poona/Paris 1954, pp. 1-37.

J. GONDA, [2]1978, Die Religionen Indiens I, Veda und älterer Hinduismus (Die Religionen der Menschheit, hg. v. CH. SCHRÖDER, Bd. 11), 2. überarbeitete und ergänzte Fassung, Berlin/Köln/Mainz 1978.

J. GONDA, 1989, Prajāpati's relations with Brahman, Bṛhaspati and Brahmā (Verhandelingen der Koninklijke Nederlandse Akademie van Wetenschappen, Afdeeling Letterkunde, Nieuwe Reeks, Deel 138), Amsterdam/Oxford/New York 1989.

T. GOTŌ, 1987, Die „I. Präsensklasse“ im Vedischen. Untersuchung der vollstufigen thematischen Wurzelpräsentia. (Veröffentlichungen der Kommission für Linguistik und Kommunikationsforschung, Heft 18, hg. v. M. Mayrhofer/W.U, Dressler; Sitzungsberichte der Österreichischen Akademie der Wissenschaften, phil.-hist. Kl., Bd. 489), Wien 1987.

P. HACKER, 1961, Zur Methode der geschichtlichen Erforschung der anonymen Sanskritliteratur des Hinduismus. In: ZDMG 111 (1961), S. 483-492.

P. HACKER, 1985, Grundlagen indischer Dichtung und indischen Denkens, aus dem Nachlaß hg. v. K. RÜPING, Wien 1985.

P. HACKER, 1963, *Śraddhā*, in: Kleine Schriften, hg. v. L. SCHMITHAUSEN, Wiesbaden 1978, S. 437-475, zuerst abgedruckt in: WZKSO 7 (1963), S. 151-189.

P. HACKER, 1973, *vrata*, in: Nachrichten der Akademie der Wiss. in Göttingen, I., Phil.-Hist. Kl., Jahrgang 1973, Nr. 5, S. 109-142 [3-36].

E. HANEFELD, 1976, Philosophische Haupttexte der älteren Upaniṣaden (Freiburger Beiträge zur Indologie, hg. v. U. SCHNEIDER, Bd. 9), Wiesbaden 1976.

R. HAUSCHILD, 1968, Die Saṃvarga-Vidyā. (Chānd. Up. 4,1-3). Ergänzende sachliche und grammatische Bemerkungen, in: Mélanges d'Indianisme, Festschrift f. L. Renou, Paris 1968, S. 337-365.

J.C. HEESTERMAN, 1957, The Ancient Indian Royal Consecration. The rājasūya described according the Yajus texts and annotated (Disputationes Rheno-Trajectinae, hg. v. J. GONDA, vol. II), 's-Gravenhage 1957.

G. HENNEMANN, 1975, Grundzüge einer Geschichte der Naturphilosophie und ihrer Hauptprobleme. Berlin 1975.

K. HOFFMANN, 1975, Materialien zum altindischen Verbum, 11. am^{i}, KZ 83 (1969), S. 193-215, neu abgedruckt in: Aufsätze zur Indoiranistik, hg. v. J. NARTEN, Bd. I, Wiesbaden 1975, S. 288-310.

P. HORSCH, 1966, Die vedische Gāthā- und Śloka-Literatur, Bern 1966.

J. HUIZINGA, 1956, Homo Ludens. Ndr. d. erweiterten Ausgabe von 1956 (Originalausgabe 1938, Erweiterung in Absprache mit dem Autor) (Rowohlt Enzyklopädie, Bd. 435), Reinbek b. Hamburg 1991.

I. ICKLER, 1973, Untersuchungen zur Wortstellung und Syntax der Chāndogyopaniṣad, Göppingen 1973.

S. INSLER, 1974, Two Related Sanskrit Words. In: Die Sprache. Zs. f. Sprachwissenschaft, 20/2 (1974), S. 115-124.

J.R. JOSHI, Prāṇa in Vedic Religion, BDCRI (1977/8), vol. 37, pp. 39-47.

A.B. KEITH, 1909, The Aitareya āraṇyaka, edited from the Manuscripts in the India Office and the Library of the Royal Asiatic Society with Introduction, Translation, Notes, Indexes and an Appendix containing the Portion hitherto unpublished of the Śānkhāyana Arāṇyaka, lithographischer ND 1969, Oxford 1909.

K. KLAUS, 1986, Die altindische Kosmologie. Nach den Brāhmaṇas dargestellt (Indica et Tibetica, Bd. 9), Bonn 1986.

H. KRICK, 1982, Das Ritual der Feuergründung, Sitzungsberichte der Österreichischen Akademie der Wissenschaften, phil.-hist. Kl. (Veröffentlichungen der Kommission für Sprachen und Kulturen Südasiens, hg. v. G. OBERHAMMER, Heft 10), Wien 1982.

H. KULKE, [9]1992, Die historischen Ursprünge der indischen Achsenzeit, in: S.N. EISENSTADT (Hg.), Kulturen der Achsenzeit, 2 Bde., hier Bd. 2, Frankfurt a.M. [9]1992, S. 204-233.

H.-W. KÖHLER, 1973, śrad - dhā - in der vedischen und altbuddhistischen Literatur, Phil.-Diss. masch., Göttingen 1948, gedruckte Fassung Wiesbaden 1973.

F. VON D. LEYEN, 1953, Die Welt der Märchen. Düsseldorf 1953.

H. LÜDERS, 1940, Zu den Upaniṣads. I. Die Saṃvargavidyā, in: Philologica Indica. Ausgewählte kleine Schriften. Festgabe zum 70. Geburtstag, Göttingen 1940, S. 361-390, zuerst abgedruckt in: BSB, 1916, S. 278-309.

H. LÜDERS, 1959, Varuṇa. Bd. II, Varuṇa und das Ṛta, Göttingen 1959.

G. MASPERO, 1883, Fragment d'une version égyptienne de la fable des membres et de l'estomac. In: Etudes égyptiennes I, Paris 1883, S. 260-264.

M. MAYRHOFER, Kurzgefaßtes etymologisches Wörterbuch des Altindischen. Heidelberg

1956, Bd. I (A-TH).

1963, Bd. II (D-M).

1976, Bd. III (Y-H), Nachträge und Berichtigungen.

M. MAYRHOFER, Etymologisches Wörterbuch des Altindoarischen. Heidelberg

1992, Bd. I.

1992, Bd. II, Lieferung 11.

1992, Bd. II, Lieferung 12.

1992, Bd. II, Lieferung 13.

S. MORENZ/J. SCHUBERT, 1954, Der Gott auf der Blume. Eine ägyptische Kosmogonie und ihre weltweite Bildwirkung, Ascona/Schweiz 1954.

W. NESTLE, 1979, Die Fabel des Menenius Agrippa (Wege der Forschung, Wissenschaftliche Buchgesellschaft, Bd. 528), Darmstadt 1979, S. 191-204, aus: Klio. Beiträge zur alten Geschichte 21 (1972), S. 350-360 (Neudruck 1964, S. 1-11) = W. NESTLE. Griechische Studien, Stuttgart 1948 (Neudruck Aalen 1968), S. 502-576.

H. OLDENBERG, 1888, Die Hymnen des Rigveda I, Metrische und Textgeschichtliche Prolegomena, Berlin 1888.

H. OLDENBERG, 1912, Ṛgveda, Textkritische und exegetische Noten (Abhandlungen der Königlichen Akademie der Wissenschaften zu Göttingen, Philologisch-Historische Klasse, Neue Folge, Bd. XI, Nr. 5), Berlin (Buch 1-6) 1909/(Buch 7-10) 1912.

H. OLDENBERG, 1916, Zur Geschichte des Worts bráhman (Nachrichten von der königlichen Gesellschaft der Wissenschaften zu Göttingen, phil.-hist. Kl.), Göttingen 1916, S. 715-744.

H. OLDENBERG, 1918, Die vedischen Worte für „schön“ und „Schönheit“ und das vedische Schönheitsgefühl (Nachrichten von der Königlichen Gesellschaft der Wissenschaften zu Göttingen, phil.- hist. Kl.), S. 35-71, neu abgedruckt in: Kleine Schriften, hg. v. K.L. JANERT, Teil 1, Wiesbaden 1967, S. 830-866.

H. OLDENBERG, 1919, Die Weltanschauung der Brāhmaṇa-Texte. Vorwissenschaftliche Wissenschaft, Göttingen 1919.

H. OERTEL, 1892, Extracts from the Jāiminīya-Brāhmaṇa and Upanishad-Brāhmaṇa, Parallel to Passages of the Śatapatha-Brāhmaṇa and Chāndogya-Upanishad. In: JOAS 15 (1892), S. 233-251.

H. OERTEL, 1893, The Jaiminīya or Talavakāra Upaniṣad Brāhmaṇaḥ. Text, Translation, and Notes, in: JAOS 16 (1893), S. 79-260.

R.B. ONIANS, [1]1954, The Origins of European Thought about the Body the Mind, the Soul, the World, Time and Fate, Cambridge [1]1954. repr. Cambridge 1988.

D. PEIL, 1985, Der Streit der Glieder mit dem Magen. Studien zur Überlieferungs- und Deutungsgeschichte der Fabel des Menenius Agrippa von der Antike bis ins 20. Jahrhundert (Mikrokosmos. Beiträge zur Literaturwissenschaft und Bedeutungsforschung, hg. v. W. HARMS, Bd. 16), Frankfurt a.M. 1985.

L. PETZOLDT (Hg.), 1978, Magie und Religion. Beiträge zu einer Theorie der Magie (Wege der Forschung, Wissenschaftliche Buchgesellschaft, Bd. 337), Darmstadt 1978.

W. RAU, 1957, Staat und Gesellschaft im alten Indien. Nach den Brāhmaṇa-Texten dargestellt, Wiesbaden 1957.

W. RAU, 1973/8 Metalle und Metallgeräte im vedischen Indien (Akademie der Wissenschaften, Abhandlungen der Geistes- und sozialwissenschaftlichen Klasse), Mainz/Wiesbaden 1973/8, S. 1-70, hier S. 37-46.

W. RAU, 1976, Erwiderung auf B. Schlerath: Vedisch *vájra-* „die Keule des Indra". In: ORBIS, Bulletin internationale de Documentation linguistique, XXV 2 (1976), S. 356-358.

W. RUBEN, 1947, Die Philosophen der Upanishaden, Bern 1947.

W. RUBEN, 1955, Beginn der Philosophie in Indien. Aus den Veden, Berlin 1955.

W. SCHADEWALDT, 1988, Die Anfänge der Philosophie bei den Griechen. Die Vorsokratiker und ihre Voraussetzungen (Tübinger Vorlesungen, Bd. I) hg. v. I. SCHUDOMA unter Mitwirkung von MARIA SCHADEWALDT, Frankfurt [5]1988.

B. SCHLERATH, 1960, Das Königtum im Rig- und Atharvaveda. Ein Beitrag zur indogermanischen Kulturgeschichte (Abhandlungen für die Kunde des Morgenlandes, im Auftrag der Deutschen Morgenländischen Gesellschaft, hg. v. H. Wehr, Bd. 33,3), Wiesbaden 1960.

P.L. SCHMIDT, 1979, Politisches Argument und moralischer Appell: Zur Historizität der antiken Fabel im frühkaiserlichen Rom, in: Der Deutschunterricht, Bd. 31, H. 6, 1979, S. 74-88.

U. SCHNEIDER, 1961, Die altindische Lehre vom Kreislauf des Wassers. In: Saeculum 12 (1961), S. 1-11.

U. SCHNEIDER, 1963, Die Komposition der Aitareya-Upaniṣad. In: IIJ 7 (1963), S. 58-69.

U. SCHNEIDER, 1989, Einführung in den Hinduismus (Orientalistische Einführungen in Gegenstand, Ergebnisse und Perspektiven der Einzelgebiete, Wissenschaftliche Buchgesellschaft), Darmstadt 1989.

H.C. SCHNUR (Hg.), 1985, Fabeln der Antike, überarbeitet v. ERICH KELLER (Sammlung Tusculum, hg. v. K. BAYER U.A.), München/Zürich, 2. verbesserte und erweiterte Auflage 1985.

A. SCHOPENHAUER, 1851, Parerga und Paralipomena: kleine philosophische Schriften, Bd. 1, Berlin 1851.

J.F. SPROCKHOFF, Die Alten im alten Indien. Ein Versuch nach brahmanischen Quellen, in: Saeculum XXX, Heft 4 (1979), S. 374-433.

F. STAAL, 1983, The vedic ritual of the fire altar, Bd. 1-2, Berkeley 1983.

O. STRAUSS, 1925, Indische Philosophie, München 1925.

J.F. THIEL, 1986, in: Was sind Fetische, hg. v. Dezernat für Kultur und Freizeit, Museum für Völkerkunde, Frankfurt a.M., 1986.

P. THIEME, 1951/1971 *psu*, Beiträge zur indischen Philologie und Altertumskunde, Walter Schubring zum 70. Geburtstag dargebracht von der deutschen Indologie (Alt- und Neuindische Studien, Bd. 7), Hamburg 1951, S. 1-10; wiederabgedruckt in: P. THIEME, Kleine Schriften, Teil 1, Wiesbaden 1971, S. 72-81.

P. THIEME, 1952, Brahman. In: ZDMG 102 (1952), S. 91-129 [wiederabgedruckt in: Kleine Schriften, Teil 1, Wiesbaden 1971, S. 100-129, hierauf beziehen sich die in den eckigen Klammern genannten Seitenangaben].

V.M. TSCHANNERL, 1993, Das Lachen in der altindischen Literatur (Europäische Hochschulschriften, Reihe 27, Asiatische und Afrikanische Studien, Bd. 37), Frankfurt a. Main 1993.

J. WACKERNAGEL, Altindische Grammatik, Göttingen Bd. I 1896, Bd. II.1 1905, Bd-II.2 1954.

A. WEBER, 1855/1973, Indische Studien. Beiträge für die Kunde des Indischen Alterthums, hg. v. A. WEBER u.a., Bd. 1, Berlin 1855, Nachdr. Hildesheim/New York 1973, darin:

- A. WEBER, Zwei Sagen aus dem Śatapatha-Brādmaṇa über Einwanderung und Verbreitung der Arier in Indien, nebst einer geographisch-geschichtlichen Skizze aus dem weißen Yajus, S. 161-232.

- DERS., Über den Zusammenhang indischer Fabeln mit griechischen, S. S. 327-373.

- DERS., Analyse der in Anquetil du Perron's Uebersetzung enthaltenen Upanishad. Fortsetzung S. 380-456.

A. WEBER, 1863/1973, Über die Metrik der Inder (Indische Studien. Beiträge für die Kunde des indischen Alterthums, hg. v. A. WEBER, Bd. 8), nachgedruckt Hildesheim/New York 1973, S. 1-176.

A. WEBER, 1868, Indische Streifen. Eine Sammlung von bisher in Zeitschriften zerstreuten kleineren Abhandlungen, Bd. 1, Neudr. nach der Ausgabe Berlin 1868, Osnabrück 1983.

A. WEBER, 1893, Über die Königsweihe, den Rājasūya (Abhandlungen der Königlichen Preussischen Akademie der Wissenschaften), Berlin 1893.

B. WEBER-BROSAMER, 1988, Annam. Untersuchungen zur Bedeutung des Essens und der Speise im vedischen Ritual (Religionswissenschaft und Theologien, Bd. 3), Rheinfelden, 1988.

C. WENNERBERG, 1981, Die altindischen Nominalsuffixe -man- und -iman- in historisch-komparativer Beleuchtung (Diss.), Göteborg 1981.

M.L. WEST, 1971, Early Greek Philosophy and the Orient, Oxford, 1971.

11. Stellenindex

12. Wortindex